1日でわかる法律入門

はじめての
憲法統治

第4版

尾崎哲夫 著

自由国民社

はじめに——法律をみんなのものに

❖私たちと法律

「法律は難しい」というイメージがあります。
また「法律は専門的なことで,普通の人の普通の生活には関係ないや」と思う人も多いことでしょう。

しかし,国民として毎日の生活を送るかぎり,いやおうなしにその国の「法律」というルールの中で生きているはずです。
クルマに乗れば,道路交通法に従わなければなりません。
商取引は当然,商法などの法律の規制の下にあります。
私達はいわば法の網の目の中で,日々の生活を過ごしているわけです。
法律の基本的な知識を持たずに生活していくことは,羅針盤抜きで航海するようなものです。

❖判断力のある知恵者になるために

法律を学ぶことには,もう一つ大きな効用があります。
法律を学ぶと,人生において最も大切な判断力が養われます。
ともすればトラブルを起こしがちな人間社会の生活関係において,そこに生じた争いごとを合理的に解決していく判断力を養うことができます。

たとえば,学生が学校の銅像を傷つけたとします。
判断力のない小学生の場合,次のような反応をします。
「えらいことをしてしまった。叱られるかな,弁償かな」

でも法学部の学生なら，次のような判断ができるはずです。
「刑法的には，故意にやったのなら器物損壊罪が成立する」
「民法的には，故意／過失があれば不法行為が成立する。大学は学生に対して損害賠償請求権を持つ」

このように判断した後ならば，次のような常識的判断も軽視できません。
「簡単に修理できそうだから，問題にならないだろう。素直に謝って始末書を出せば平気かな，わざとやったわけではないし」

❖憲法は「法律の頂点」

数ある法律の中でも，憲法は言わずと知れた「法律の頂点」です。

それは，**憲法が国家の法システムの中で一番強い効力をもっている**からです。憲法を貫く理念をしっかりとイメージしながらシステマティックに学んでいくことは，すべての法律のしくみをマスターする上で欠かせない視点なのです。

❖誰でもわかる法律の本を

ところが従来の法律の本は，憲法にかぎらず専門的すぎてわかりづらいものがほとんどでした。法律はやさしいものではないのだから，読者が努力して理解するものだ，という発想があったことは否定できないと思います。

かなり優秀な法学部の学生や基礎的知識のある社会人などを対象として，筆者が思うままに書き進めるパターンが支配的だったように思われます。

しかし法律をみんなのものにするためには，理解しようとする人なら誰でもわかる本を書いていかなければならないと思います。

　失礼な表現かも知れませんが，**平均以上の高校生が理解できるように書き進めました**。高等学校の公民＝政治経済の授業で平均以上のやる気のある高校生に対して，黒板で説明していくつもりで書いていきました。

　一人でも多くの方がこの本をきっかけに法律に親しみ，判断力を養い，法律を好きになっていただければ，望外の幸せであります。

　自由国民社はできるだけわかりやすい法律の本を，安く提供することに努力を傾けてきた出版社です。自由国民社のこのシリーズが長く愛読されることを願ってやみません。

　平成 23 年 3 月吉日

尾崎哲夫

〈付記〉

　編集担当者として努力を惜しまれなかった自由国民社の竹内尚志編集長に心から御礼を申し上げます。竹内氏の能力と情熱がなければこの本はできなかったことでしょう。

　私の拙い企画に耳を傾けてくださった同社の能重尚右社長室長に御礼申し上げます。

この本の使い方

　この本は日本国憲法の「第四章　国会」から「第十章　最高法規」までの内容に対応しています。

　憲法の統治機構に関する四章から八章までを1〜5時間目で勉強して、つぎに憲法の保障について6時間目で勉強します。

　そしてこの本の第0時間目は「序論」として、一番前に持ってきました。

　それぞれのページの中で出てくる憲法などの条文のうち、参照しながら読んでほしいものは、そのページか隣のページの下の方に、わかりやすい形にして載せてあります。

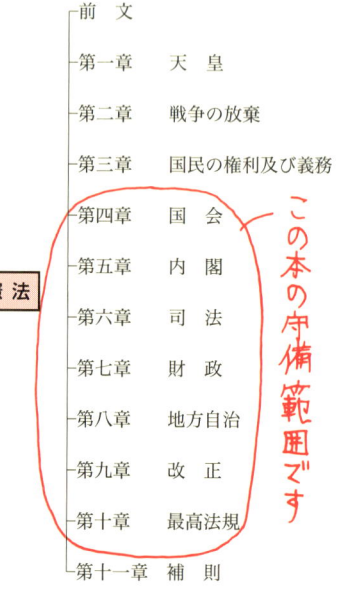

　そして巻末には、憲法の条文を英訳つきでまとめて掲載しました。

　電車の中で、六法を参照できないときにも読めるように工夫しました。

　できるだけ読みやすくしてありますので、なるべく条文になじむようにしてください。

　記憶すべきまとまったことがらについては、黒板の中に整理しました。

　試験対策として使えるはずです。

　試験対策でなくてもある程度の基本事項を記憶していくことは、さらに勉強を進めるにあたって、重要なことです。

　覚えるほうがよいと思われる事項については、黒板のまとまりごとに記憶し、次のステップに対する準備としてください。

　巻末に若干の付録をつけました。また、さくいんもつけてあります。それぞれご利用ください。

推薦できる法律関係の本

❖憲法に関する本
(1) 『憲法』芦部信喜・高橋和之著（岩波書店）
現在のもっとも代表的な基本書。
(2) 『憲法』佐藤幸治著（青林書院）
同じく代表的基本書。
(3) 『憲法Ⅰ・Ⅱ』野中俊彦ほか著（有斐閣）
4人の共著者による詳細な基本書。
(4) 『口語憲法』小林孝輔・星野安三郎監修（自由国民社）
(5) 『憲法講義 上・下 新版』小林直樹著（東京大学出版会）
従来の代表的体系書。私個人は学生時代この本を読んだ。
(6) 『憲法Ⅰ』清宮四郎著（有斐閣）
(7) 『憲法Ⅱ 新版』宮沢俊義著（有斐閣）
(6)(7)は小林直樹先生の体系書よりひとつ前の代表的体系書。やはり私は学生時代愛読した。
(8) 『超訳六法全書 憲法・刑法』尾崎哲夫著（三修社）
条文ごとの解説書。ふりがなとメモがついている。
(9) 『はじめての憲法総論・人権』尾崎哲夫（自由国民社）
本書の姉妹編。
(10) 『憲法』石村修・小林孝輔・芹沢斉編（日本評論社）
基本法コンメンタールシリーズの1冊。
(11) 『新・判例コンメンタール日本国憲法1・2・3』浦田賢治・大須賀明編（三省堂）
わかりやすいコンメンタール（条文注解書）。
(12) 『別冊ジュリスト・憲法判例百選Ⅰ・Ⅱ』高橋和之・長谷部泰男・石川健治編（有斐閣）

⒀ 『ジュリスト増刊・憲法の争点』大石眞・石川健治編（有斐閣）学説・判例整理シリーズの1冊。
⒁ 『人権宣言集』髙木八尺・末延三次・宮沢俊義編（岩波文庫）1957年出版でかなり古い本であるが，マグナカルタ・権利請願・権利章典・アメリカ独立宣言・ベルギー憲法・プロイセン憲法・ワイマール憲法・ソビエト社会主義共和国同盟憲法・ベトナム民主共和国独立宣言・中華民国憲法・中華人民共和国憲法・世界人権宣言・イタリア共和国憲法・ボン憲法ほかが網羅されている。文庫本でコンパクト，しかも安価。

❖**法律一般に関する本**
⑴『模範六法』(三省堂)
⑵『mini 六法』尾崎哲夫条文解説 (自由国民社)
⑶『コンパクト法律用語辞典』尾崎哲夫著 (自由国民社)
⑷『法律学小辞典』金子宏ほか編 (有斐閣)
⑸『有斐閣法律用語辞典』法令用語研究会編 (有斐閣)
⑹『法律英語用語辞典』尾崎哲夫著 (自由国民社)
⑺『法と社会』碧海純一著 (中央公論新社)
　法と社会についてのわかりやすい解説書。
⑻『日常生活の法律全集』平山信一ほか著 (自由国民社)
　法律のさまざまな問題が網羅されている本。
⑼『江戸の訴訟』高橋敏著 (岩波書店)
　江戸時代の訴訟状況が，具体的事例を通して興味深く書かれている。
⑽『日本人の法意識』川島武宜著 (岩波書店)
　日本人の法意識に関する古典的名著。
⑾『ドキュメント裁判官』読売新聞社会部著 (中公新書)
⑿『ドキュメント検察官』読売新聞社会部著 (中公新書)
⒀『ドキュメント弁護士』読売新聞社会部著 (中公新書)

もくじ

はじめに ─────────────────── 3
この本の使い方 ────────────── 6
推薦できる法律関係の本 ───────── 7

0時間目 序論
「憲法統治」って何だろう？ ───────── 13
キオークコーナー▶▶▶0 ─────────── 16

1時間目 憲法第4章
国会 ─────────────────── 17
キオークコーナー▶▶▶1 ─────────── 38

2時間目 憲法第5章
内閣 ─────────────────── 43
キオークコーナー▶▶▶2 ─────────── 56

3時間目 憲法第6章
裁判所 ────────────────── 59
キオークコーナー▶▶▶3 ─────────── 73

4時間目 憲法第7章
財政 ─────────────────── 77
キオークコーナー▶▶▶4 ─────────── 86

5時間目 憲法第8章
地方自治 —————————————————— 89
キオークコーナー▶▶▶5 ——————————— 96

6時間目 憲法第9章・第10章
憲法保障 —————————————————— 97
キオークコーナー▶▶▶6 ——————————— 105

巻末付録 —————————————————— 107
日本国憲法条文・英語条文対照一覧 ——————— 128
さくいん —————————————————— 158

本文デザイン――中山銀士　　カット――(本文)勝川克志(付録)すがわら けいこ

0時間目 序論
「憲法統治」って何だろう？

▶六法

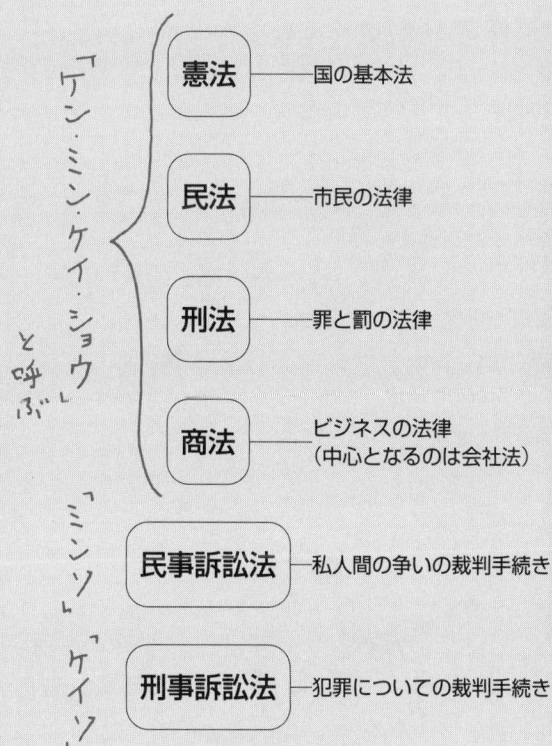

- 憲法 ── 国の基本法
- 民法 ── 市民の法律
- 刑法 ── 罪と罰の法律
- 商法 ── ビジネスの法律（中心となるのは会社法）

「ケン・ミン・ケイ・ショウ」と呼ぶ

- 民事訴訟法 ── 私人間の争いの裁判手続き
- 刑事訴訟法 ── 犯罪についての裁判手続き

「ミンソ」「ケイソ」

●●●
「憲法統治」とは

　この本は『はじめての憲法総論・人権』の姉妹編です。
　憲法の内容は,「人権編」と「統治機構編」の２つに大きく分かれます。
　大学の講義でもこの２つに分けて講義をするのが普通です。書店に行って憲法の本を買う場合,憲法全体を１冊の本にしてある場合もありますし,２つに分けて２冊にしてある場合もあります。
　この「３日でわかる法律入門シリーズ」では,民法は６冊,刑法は２冊,商法も２冊に分けましたが,憲法も２冊に分けて説明することにしました。

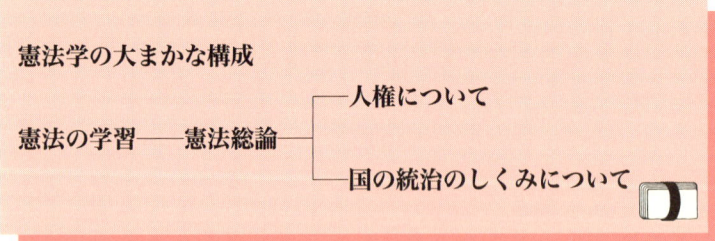

憲法学の大まかな構成

憲法の学習──憲法総論──┬──人権について
　　　　　　　　　　　　└──国の統治のしくみについて

●1● 人権編と統治機構編のそれぞれの役割

　憲法は国の基本法です。

　もっとも重要な法律ですね。
「はじめての憲法総論・人権」参照

　近代憲法は，歴史的には，国王などの支配者に対する権利宣言としての役割を果たしていました。その役割はそのまま現在の憲法の人権編にあたります。

　一方，権利宣言としての役割と同時に，国家の根本的な組織のあり方を定める役割もあります。国家の一番根本的な骨組みを決めて宣言するという役割です。この役割を果たしているのが統治機構編です。

　といっても，この統治機構の部分も，人権編と深く結びつき，あくまで国民の権利を守るために存在しているわけです。

●2● 統治機構の基本原理

　統治機構の基本原理は，憲法全体の基本原理でもある国民主権と，権力分立制です。この他，法の支配も基本原理のひとつに数えることができます。

　権力分立制については、つぎの1時間目の
　　　　最初に勉強しましょう。

キオークコーナー 0時間目

[**用語チェック**]

- □ 憲法の内容は，〔①〕編と〔②〕編の2つに大きく分かれます。 ①②人権，統治機構
- □ 憲法は国の〔③〕であり，もっとも重要な法律です。 ③基本法
- □ 憲法の〔①〕編と〔②〕編はお互いに深く結びつき，〔④〕を守るために存在しているわけです。 ④国民の権利
- □ 統治機構の基本原理は〔⑤〕と〔⑥〕ですが，この他〔⑦〕も基本原理のひとつに数えることができます。 ⑤⑥国民主権，権力分立制
  ⑦法の支配

1時間目
憲法第4章
国会

▶ここで学ぶこと

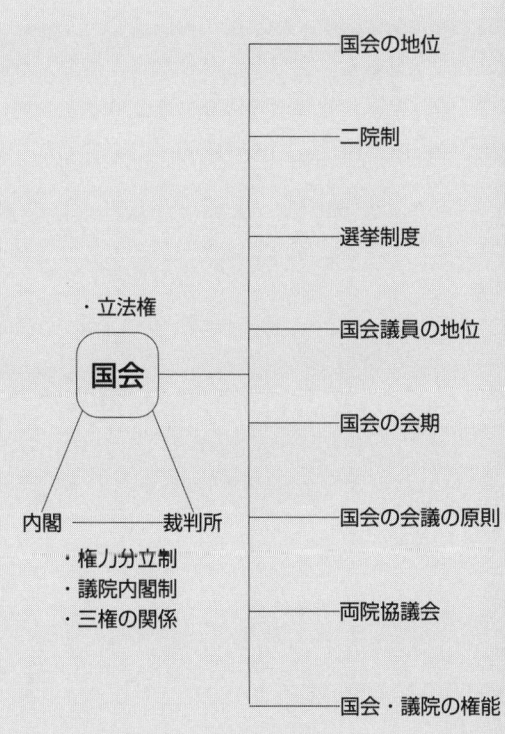

権力分立制

　まず，国会に関する重要なポイントである権力分立制について勉強しましょう。**権力分立制というのは，権力の集中を防ぎ，国民の自由を守る自由主義的な考え方です。**

「権力を分けて立たせる」

　国家の役割をその性質によって分類すると，法律を作る「立法」，その法律に従って実際に政治を行う「行政」，その法律に従って争いごとを解決する「司法」の3つに区別できます。昔は国王が立法権・行政権・司法権を一手に持っていました。まさに万能のキングだったわけです。権力分立制はこの3つの国家権力をそれぞれ別の機関にふり分け，互いにけん制させて権力の集中を防ぎ，国民の権利・自由を守ろうとしているわけです。

「三権分立」ともいいます。

日本では ┌ 立法＝国会
　　　　 ┤ 行政＝内閣
　　　　 └ 司法＝裁判所

❖日本の議院内閣制

　権力分立制と一口にいっても，立法・行政・司法それぞれの間の力関係がどうなっているのかなどについては，各国の事情によって異なります。**日本では，議院内閣制**というしくみをとっています。

　議院内閣制とは，立法権をもつ議会（国会）と行政権をもつ政府（内閣）とをいったん分けた上で，政府が議会に対して責任を負うというものです。議会の信任を失った政府は総辞職しなければなりません。

　この議院内閣制では，近代において発達した政党が大きな力をもちます。また，現実の政治を動かすのは政府＝行政権ですから，行政権が肥大化する傾向があります。

　三権分立の中で弱い立場になりがちな裁判所は，日本では「違憲審査制」（違憲立法審査権）によって立法や行政をけん制するしくみになっています。これは法律などが憲法に違反していないかどうか判断する制度です。

議員内閣制ではありません。

1
国会の地位
❖三権の関係

「三権分立の中で，あえて言えばどの機関が一番重要か？」

この質問は自己矛盾かもしれませんね。なぜなら，三権が同じ力を持ち互いにけん制することこそ，この制度の基本だからです。しかし実際には，三権分立をとるすべての国で，三権がまったく同格の力をもっているとは限らないのです。

たとえばアメリカでは三権を同格扱いしますが，フランスでは立法権が他の2つより優位に立っています。どうしてかというと，アメリカはもともと圧政的なイギリス議会との対立を通じて独立・形成された国家なので，議会に対する不信感があるのです。これに対して，フランスは圧政的な君主＋それに従属する裁判所と議会との対立を通じて，議会の勝利という形で近代立憲主義国家が形成されたので，議会を重視するのです。

それでは日本では，どう考えたらよいでしょうか。あえて言えば，国会を一番重視するべきかもしれません。 国会は他の機関と異なり，国民が直接選んだ人々＝国会議員によって構成される機関だからです。

代表民主制＝議会制民主主義では議会は非常に重要です。

日本国憲法では，国会は3つの地位を持つものとして定められています。

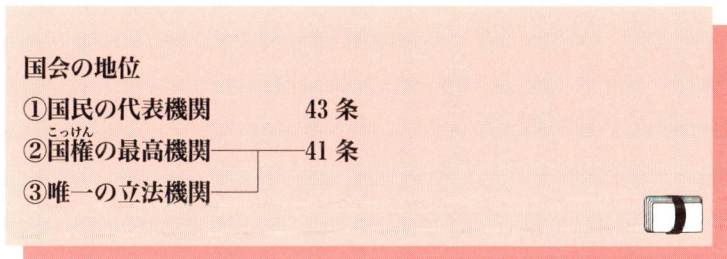

国会の地位
① 国民の代表機関　　　43条
② 国権の最高機関 ─┐
③ 唯一の立法機関 ─┴─41条

❖ 国民の代表機関

下の43条を読んでみてください。ここにいう「全国民を代表する」とは具体的にはどんな意味でしょうか。いろいろな説がありますが，ここでは一応つぎのように考えておきます。

「全国民を代表する」の具体的意味
① 国会を構成する議員は選挙区の代表ではなく全国民の代表
② 国会を構成する議員は自分の信念で発言・表決する。
　選挙区や政党の拘束を受けない。

「自由委任の原則」

・・・
41条：国会は，国権の最高機関であって，国の唯一の立法機関である。
43条：両議院は，全国民を代表する選挙された議員でこれを組織する。

もっとも政党の決議に反した場合に，政党から除名されたりすることはありえます。それは政党のメンバーとしての国会議員と政党との問題です。

❖国権の最高機関

　41条の条文を見てください。国会が「国権の最高機関」であるというのは，三権分立の中でも国民の直接の選挙で選ばれた国会に対し，改めて，そしてあえて最高というコトバで，その優越的な地位を表現したものです。

❖唯一の立法機関

　また同じく41条で，国会が「国の唯一の立法機関である」というのは，国会が立法権を独占しているという意味です。国会が立法を独占するわけですから，法律は国会の中でだけ作られます。ただし，憲法が特別に定めている議院規則と最高裁判所規則については例外で，これらはそれぞれ議院や裁判所の中で作ることができます。また内閣は政令というルールを作ることができますが，それは次の場合だけに限られています。

政令の種類
①執行命令　法律を執行するためのもの
②委任命令　法律の具体的な委任にもとづくもの

●2● 二院制

下の42条を見てください。現在の日本国憲法では，国会は衆議院と参議院の2つによって構成されています。これを二院制といいます。

歴史的には，二院制は次のようなタイプに分けられます。

二院制のタイプ
①貴族院パターン　イギリスや明治憲法など
②連邦制パターン　アメリカ。州に独立的権限がある場合
③民主的パターン　現在の日本国憲法など

---

①は妥協的な二院制で，貴族の代表で構成される議院と一般国民の代表で構成される議院が並立する場合です。

②は州の独立性が強い場合に，州の代表で構成される議院と一般国民の代表で構成される議院とを並立させているわけです。

42条：国会は，衆議院および参議院の両議院でこれを構成する。
43条：両議院は，全国民を代表する選挙された議員でこれを組織する。
45条：衆議院議員の任期は，4年とする。ただし，衆議院解散の場合には，その期間満了前に終了する。
46条：参議院議員の任期は，6年とし，3年ごとに議員の半数を改選する。
48条：何人も，同時に両議院の議員たることはできない。

③は，多少性格の違う2つの議院を配置して，慎重な国会活動を保障し，民主主義を強める，と考えられています。しかしこれは疑問だという意見もあります。たとえば現在の日本国憲法について，衆議院が民主的に選出されているなら，同じように民主的に選出されているはずの参議院とあわせて2回審議・表決（ひょうけつ）する理由は，論理的にはありません。1回審議するよりも2回の方が民主的だというならば，3つつくればもっといいのか，ということになります。衆議院がほんとうに民主的に選出され，民主的に運営され，民主的に審議・表決されているなら，衆議院だけでいいはずです。

　現実には衆議院で与党が多数を占め，参議院で与野党の人数が接近している場合に，与党が野党に妥協して法案を通すというパターンになっています。それはそれで慎重な審議がされていると考えることもできますが，衆議院と参議院で与野党（よやとう）の人数が大きく異なるとすれば，選挙制度にも問題がある可能性がでてきます。

　これに対して，やっぱり参議院が必要だと主張する人たちは，衆議院が衝動的な行動をした場合に参議院がそれを抑制することができるし，また衆議院が解散したときに国会が空白になるので参議院があった方がいいと説明します。

みなさんは どう思いますか？

47条：選挙区，投票の方法その他両議院の議員の選挙に関する事項は，法律でこれを定める。

●3● 選挙制度

　国会議員は選挙で選出されますが，選挙方法などは公職選挙法（こうしょくせんきょほう）という法律で定められています。

　選挙のやり方は，民主主義の根幹（こんかん）としてきわめて重要です。これが公平でないと，民主主義的でない国会議員が選出されることになり，当然，国会も民主主義的でないものになります。

　ところが，現実には，与党にとって有利な選挙制度が維持されます。これは議員定数の問題ともからんだ深刻な問題です。いまの政治に対して不満をもつ人たちがたくさん集まり，選挙で投票することによって世の中のしくみを変えたいと思っても，もし選挙制度がインチキなものだったら絶望的ですね。そんな状態は健全な民主主義といえません。選挙制度の不公平については，具体的には，たとえば1票の重みが選挙区によって違うという問題があります。

❖選挙区

　選挙にかかわる人々を区分けするための基準となる区域を，選挙区（せんきょく）といいます。選挙区には大選挙区（だいせんきょく）と小選挙区（しょうせんきょく）がありますが，ほかに中選挙区（ちゅうせんきょく）とよばれるものもあります。

---

①小選挙区制　1つの選挙区から1人を選出する。
②大選挙区制　1つの選挙区から2人以上を選出する。
③中選挙区制　1つの選挙区から3～5人を選出する。
　　　　　　　実は大選挙区制の一種。

①の制度では二大政党制になりやすく政治が安定しますが、死票が増えて少数政党を無視する傾向になり、また新人の選出が難しくなります。　落選者に投じられた票のこと

③は②の一種で、1つの選挙区から3〜5人、あるいは数人以内を選ぶ場合です。②の大選挙区制は、一般のイメージとしては1つの選挙区から相当多くの議員を選ぶ場合です。この制度では死票が少なくなり候補者の選択の幅が広がりますが、同じ政党から候補者が複数出たりすると、政策の違いなどがわかりにくくなることがあります。

1994（平成6）年の政治改革立法までは、わが国の衆議院は中選挙区制をとっていました。この立法のあと、比例代表制と小選挙区制を併用しています。比例代表制は、多数派・少数派それぞれに対する有権者の支持票の数に比例して議員を選ぶ制度です。これは少数派にも議席が与えられる機会が増えるので、国民の価値観を忠実に反映させることができますが、小さい政党が分立する状況になりやすく、政局が不安定になります。

こうして見てくると、選挙制度を考えるにあたっては、次の2点がポイントとしてまとめられそうです。

選挙制度のよしあしを考えるときのポイント
①安定した政権をつくるために有効か？
②国民の意思を公平・平等に反映させるために有効か？

あなたは どんな選挙制度が　　ベストだと考えますか？

4 国会議員の地位

国会議員には、憲法によって次の2つの特権が認められています。

国会議員の二大特権
①不逮捕特権　　　　　　　　50条
②演説・討論・表決の免責特権　51条

まず、不逮捕特権(ふたいほとっけん)について説明しましょう。下の憲法50条の条文を読んでみてください。このルールの背後には、たとえば政権をにぎる大政党がその権力を使って、反対する小政党の議員をさまざまな理由をこじつけて不当逮捕することを防ぐ、という趣旨があると考えられています。

公職選挙法13条：衆議院（小選挙区選出）議員の選挙区は、別表第1で定め、各選挙区において選挙すべき議員の数は、1人とする。
②衆議院（比例代表選出）議員の選挙区および各選挙区において選挙すべき議員の数は、別表第2で定める。
憲法50条：両議院の議員は、法律の定める場合を除いては、国会の会期中逮捕されず、会期前に逮捕された議員は、その議院の要求があれば、会期中これを釈放しなければならない。

またこの規定には，例外が2つあります。

不逮捕特権の例外
①院外における現行犯の場合
②議院の許可がある場合

現行犯の場合は，不当逮捕の可能性がきわめて小さいと言えます。議院が許可した場合，その後もし不当逮捕であることが分かったときには，議院の責任になります。

つぎに免責特権(めんせきとっけん)について。これは51条で規定されています。下に条文が書いてありますから読んでみてください。

「演説，討論または表決」とありますが，これは要するに，国会議員が議員の活動として職務上行った行為のことです。

「院外で責任が問われない」というのは，一般国民ならば当然負うべき法的責任が問われないということです。たとえば，<u>人の社会的評価を低下させる発言</u>などです。

名誉毀損

51条：両議院の議員は，議院で行った演説，討論または表決について，院外で責任を問われない。

5
国会の会期

国会は年中無休というわけではありません。国会が憲法に定められた権利・機能を行使して活動するのは一定の期間だけです。この期間を会期といいます。会期には次の3つがあります。

国会の会期 (52〜54条)
① 常会（じょうかい）　　毎年1回定期に召集される
② 臨時会（りんじかい）　臨時に招集される会
③ 特別会（とくべつかい）衆議院が解散され総選挙が行われた後に召集される

会期については，会期不継続（かいきふけいぞく）の原則というのがあります。ある会期中に議決されなかった案件（あんけん）はその後の会期に継続されないというルールです（国会法68条）。ただこの原則を厳格に適用すると，国会が混乱しますし，時間的にも不経済なので，現実には柔軟な対応をしています。

54条：衆議院が解散されたときは，解散の日から40日以内に，衆議院議員の総選挙を行い，その選挙の日から30日以内に，国会を召集しなければならない。
②衆議院が解散されたときは，参議院は，同時に閉会となる。ただし，内閣は，国に緊急の必要があるときは，参議院の緊急集会を求めることができる。
③前項ただし書きの緊急集会において採られた措置は，臨時のものであって，次の国会開会の後10日以内に，衆議院の同意がない場合には，その効力を失う。

❖ **参議院の緊急集会**

　衆議院が解散された場合には、総選挙が実施され、衆議院議員が選出され、特別会が招集されるというプロセスになります。この間、衆議院は空白になるわけですが、参議院は存続しています。それで、もし国会の開会を要する緊急事態が生じたときには、内閣の要求によって参議院の緊急集会が召集され、国会の仕事を代行します。

　緊急集会でとられた措置はあくまで臨時のものですから、次の国会が開会して10日以内に衆議院の同意が得られなければ、効力を失います。

●6● 国会の会議の原則
❖定足数

　国会が召集され開かれても，たとえば議員がほとんど出席していない会議で，ごく少数の出席者が物事を決めてしまってはマズイですね。

　そこで憲法は，国会の両議院（本会議）で議事・議決が有効に行われるために必要な，最小限度の出席者数の割合を定めました。これが定足数です。

　定足数の設定が多すぎると，いろんな事情で欠席者が出た場合，会議の活動ができなくなります。逆に，定足数の設定が少なすぎると，出席者が少ししかいなくても会議を開けることになってしまいます。

　下の憲法56条1項の条文を読んでみてください。「総議員の3分の1以上の出席がなければ，議事を開き議決する事ができない」とあります。それでは「総議員」とは何でしょうか。法定議員数説という考え方は，欠員，つまり死んでしまった議員なども総議員の数に含めます。現在議員数説という考え方は，欠員を差し引いて数えます。議員が死亡・辞職するたびに定足数が変動してしまうのも困るので，法定議員数＝総議員数と解釈するのが先例です。

　なお本会議以外の国会の会議については，憲法に定められていないので，自由に決めることができます。

56条：両議院は，各々その総議員の3分の1以上の出席がなければ，議事を開き議決することができない。

本会議以外の定足数
① 委員会　　　委員の2分の1
② 両院協議会　協議委員の3分の2　　　　　次ページ参照

❖ 表決数

　会議で「この問題は意見が分かれてまとまらない。全会一致はあきらめて，多数決で決めよう」などといったりします。

　憲法の用語では，会議で意思決定を行うのに必要な賛成票の数のことを表決数（ひょうけつすう）といいます。憲法56条2項は，国会の両議院の議事の表決数を，原則として出席議員の過半数と定めています。賛成・反対が同数の場合は，議長がどちらにするか決めます。棄権票・白票（はくひょう）・無効票などは，出席者の数に含めて数えるのが先例です。

❖ 会議の公開

　両議院の会議（本会議）は公開が原則です。つまり傍聴（ぼうちょう）や報道の自由が認められます。ただし出席議員の3分の2以上で議決すれば，非公開の秘密会（ひみつかい）を開くことができます（57条1項）。

56条：②両議院の議事は，この憲法に特別の定めのある場合を除いては，出席議員の過半数でこれを決し，可否同数のときは，議長の決するところによる。
57条：両議院の会議は，公開とする。ただし，出席議員の3分の2以上の多数で議決したときは，秘密会を開くことができる。

●7● 両院協議会

ある法案について，衆議院では可決されたのに，参議院では否決されました。どうすればいいでしょう？
両院協議会は，衆議院と参議院が異なる議決をした場合，両者を調整するために設置される協議機関です。両院協議会は衆議院から10名，参議院から10名の合計20名の委員で組織されます。両院協議会は，必ず開かなければならない場合と，開いても開かなくてもいい場合とがあります。

両院協議会
①必ず開かなければならない場合
　　予算の議決（60条2項）・条約の締結と承認（61条）・内閣総理大臣の指名（67条2項）に関するとき
②開いても開かなくてもいい場合
　　法律案の議決（59条3項）に関するとき

---

②の場合には，衆議院は両院協議会を開かなくても，3分の2以上の再議決をすれば，自分の意思を通すことが可能ですから（59条2項），開いても開かなくてもいいのです。衆議院が要求した場合，または参議院が要求し衆議院が同意した場合には，両院協議会が開かれます。

①の場合には，衆議院に再議決の方法がなく，必ず両院協議会を開かなければなりません。両院協議会を開いても意見が一致しないときは，衆議院の議決が国会の議決となります。これを**衆議院の優越**といいます（67条2項）。

8 国会の権能・議院の権能

　国会の権能と議院の権能とは，区別して考えます。混同しないように気をつけてください。

「権能」は 権限とだいたい同じような意味です

　国会の権能には次のようなものがあります。

国会ができること
①**憲法改正の発議権**（96条）
②**法律の議決権**（59条）
③**条約の承認権**（61条・73条3号）
④**内閣総理大臣の指名権**（67条）
⑤**弾劾裁判所の設置権**（64条）
⑥**財政の統制権**（91条）
⑦**内閣の報告を受ける権能**（72条）

　以上の国会の権能については，後に出てくるところでそれぞれ勉強します。

59条：法律案は，この憲法に特別の定めのある場合を除いては，両議院で可決したとき法律となる。
②衆議院で可決し，参議院でこれと異なった議決をした法律案は，衆議院で出席議員の3分の2以上の多数で再び可決したときは，法律となる。
③前項の規定は，法律の定めるところにより，衆議院が，両議院の協議会を開くことを求めることを妨げない。

次に議院の権能を並べてみましょう。

議院ができること
① 国政調査権 (62条)
② 議院規則制定権 (58条2項)
③ 議員懲罰権 (58条2項)
④ 議員の資格争訟の裁判権 (55条)
⑤ 議員逮捕の許諾・釈放の要求 (50条)
⑥ 役員の選任権 (58条1項)
⑦ 国務大臣の出席要求 (63条)

とくに重要なものについて少しくわしく勉強しましょう。

❖国政調査権

国政調査権 (62条) は、国権の最高機関である国会の各議院が、国の政治を監督するために必要な調査を行う権限です。

国政調査権の性質・範囲・限界についてはいろいろ議論がありますが、性質については、議員活動の補助と考える人が多数です。そうすると範囲については、調査の目的が立法、予算審議、行政監督などを実効的に行うためのものに限定されると考えられます。また調査の方法・対象について、権力分立と基本的人権の原理による限界があります。

──────────────────────
62条；両議院は、各々国政に関する調査を行い、これに関して、証人の出頭・証言・記録の提出を要求することができる。

❖国政調査権と権力分立・基本的人権の原理

国政調査権は司法権に対しても及びます。しかし一方で「司法権の独立」、つまり裁判官が他の国家機関から指揮・命令・影響を受けないという原理があります。ですから、たとえば進行中の裁判の内容などを調査することは許されません。

また検察に関することは行政の一部ですから、これも国政調査権の対象になります。ただし検察に関する事務は、行政の仕事であると同時に司法的な仕事でもありますから、その面では、司法権に近い独立性を認めるべきだと考えられています。したがって、検察官の事務について調査する場合は慎重な配慮が必要です。たとえばある事件について、検察が行っている捜査をひどく妨害するようなやり方の調査は許されません。

また国政調査権と基本的人権との関係については、当然のことですが、基本的人権を侵害するような調査は許されません。たとえばある人に対して、その思想を明らかにするよう強制的な質問をすることはできません。

❖議院規則制定権など

下の憲法58条2項を読んでみてください。国会の機関である議院が独立して活動できるように、自主的な規則制定権を認めた規定です。同様の趣旨で、議員の懲罰権も認められています。

58条：②両議院は、各々その会議その他の手続きおよび内部の規律に関する規則を定め、また、院内の秩序をみだした議員を懲罰することができる。ただし、議員を除名するには、出席議員の3分の2以上の多数による議決を必要とする。

懲罰の種類は次の4つです。

国会議員に対する懲罰の種類 (国会法 122 条)
① 公開議場における戒告(かいこく)　みんなの前でいましめる
② 公開議場における陳謝(ちんしゃ)　みんなの前であやまらせる
③ 一定期間の登院停止
④ 除名

　また，議員の資格争訟(しかくそうしょう)の裁判権が議院にある (憲法 55 条) のも同じ趣旨で，議院の自律権を尊重したものです。
　議員の資格争訟というのは，現に議員としての地位にある者について，その議員資格の有無に関して争うことです。

議員の資格とは何を指すか
① 被選挙権があること　国会法 109 条，公職選挙法 10・11 条
② 兼職(けんしょく)禁止のルール (憲法 48 条) に違反していないこと

　議員の議席を失わせるには，出席議員の3分の2以上の多数による議決が必要です (55 条)。

・・・
55 条：両議院は，各々その議員の資格に関する争訟を裁判する。ただし，議員の議席を失わせるには，出席議員の3分の2以上の多数による議決を必要とする。

キオークコーナー **1** 時間目

[用語チェック]

□ 〔①〕というのは，権力の集中を防ぎ，国民の自由を守る〔②〕的な考え方です。
① 権力分立制
② 自由主義

□ 〔①〕は，3つの国家権力，つまり〔③〕権・〔④〕権・〔⑤〕権をそれぞれ別の機関にふり分け，互いにけん制させているわけです。それぞれの間の力関係がどうなっているのかなどについては，各国の事情によって異なります。日本では，〔⑥〕というしくみをとっています。
③〜⑤ 立法，行政，司法
⑥ 議院内閣制

□ 三権分立の中で弱い立場になりがちな〔⑦〕は，日本では〔⑧〕で立法や行政をけん制する形になっています。
⑦ 裁判所
⑧ 違憲審査制（違憲立法審査権）

□ 国会は国民が直接選んだ〔⑨〕によって構成される機関で，次の3つの地位を持っています。(1)〔⑩〕の代表機関，(2)〔⑪〕の最高機関，(3)唯一の〔⑫〕。
⑨ 国会議員
⑩ 国民
⑪ 国権
⑫ 立法機関

□ 国会議員が「全国民を代表する」（43条）ことの具体的意味は，(1)国会を構成する議員は〔⑬〕の代表ではなく全国民の代表であるということと，(2)国会を構成する議員は自分の信念で発言・表決し，〔⑬〕や〔⑭〕の拘束を受けないということです。
⑬ 選挙区
⑭ 政党

□ 41条で，国会が「国の唯一の立法機関である」というのは，国会が〔⑮〕を独占しているという意味です。〔⑯〕は国会の中でだけ作られます。ただし，憲法が特別に定めている〔⑰〕と〔⑱〕は例外です。
⑮ 立法権
⑯ 法律
⑰⑱ 議院規則，最高裁判所規則

⑲執行命令 ⑳委任命令	□ 内閣は政令というルールを作ることができますが，それは法律を執行するための〔⑲〕と，法律の具体的な委任に基づく〔⑳〕に限られています。
㉑㉒衆議院，参議院 ㉓二院制	□ 現在の日本国憲法では，国会は〔㉑〕と〔㉒〕の2つによって構成されています。これを〔㉓〕といいます。
㉔貴族院 ㉕連邦制 ㉖民主的 ㉗日本国憲法	□ 歴史的には，〔㉓〕は次のようなタイプに分けられます。〔㉔〕パターン…イギリスや明治憲法など。〔㉕〕パターン…アメリカなど州に独立的権限がある場合。〔㉖〕パターン…現在の〔㉗〕など。
㉘公職選挙法 ㉙民主主義	□ 国会議員の選出方法などは〔㉘〕という法律で定められています。選挙のやり方は，〔㉙〕の根幹としてきわめて重要なものです。
㉚小選挙区制 ㉛大選挙区制 ㉜中選挙区制	□ 選挙区制度には，1つの選挙区から1人を選出する〔㉚〕，1つの選挙区から2人以上を選出する〔㉛〕，1つの選挙区から3〜5人を選出し，実は〔㉛〕の一種である〔㉜〕があります。
㉝政治改革立法 ㉞比例代表制	□ 1994（平成6）年の〔㉝〕までは，わが国の衆議院は中選挙区制をとっていました。この立法のあと，〔㉚〕と〔㉞〕を併用しています。
㉟不逮捕特権 ㊱演説・討論・表決の免責特権 ㊲現行犯 ㊳議院	□ 国会議員の二大特権は，〔㉟〕と〔㊱〕です。〔㉟〕に関しては，憲法50条に定められているとおりですが，例外が2つあります。院外における〔㊲〕の場合と，〔㊳〕の許可がある場合です。

□ 国会の会期には〔㊴〕・〔㊵〕・〔㊶〕の3つがあります。また、ある会期中に議決されなかった案件はその後の会期に継続されないという〔㊷〕というルールがあります。

㊴〜㊶常会、臨時会、特別会

㊷会期不継続の原則

□ 衆議院が解散された場合には、〔㊸〕が実施され、〔㊹〕が選出され、〔㊺〕が召集されます。この間、衆議院は空白になるわけですが、〔㊻〕は存続しています。

㊸総選挙
㊹衆議院議員
㊺特別会
㊻参議院

□ 〔㊼〕の要求によって緊急集会は召集されますが、ここでとられた措置はあくまで臨時のものですから、次の国会が開会して〔㊽〕以内に衆議院の同意が得られなければ、効力を失います。

㊼内閣

㊽10日

□ 憲法は、国会の両議院(本会議)で議事・議決が有効に行われるために必要な、最小限度の出席者数の割合を定めました。これが〔㊾〕です。56条1項には「両議院は、各々その総議員の〔㊿〕の出席がなければ、議事を開き議決する事ができない」とあります。

㊾定足数

㊿3分の1以上

□ 総議員については〔51〕説と〔52〕説という2つの考え方があります。

51 52 法定議員数、現在議員数

□ 本会議以外の定足数は、〔53〕では2分の1で、〔54〕では3分の2です。

53委員会、54両院協議会

□ 会議で意思決定を行うのに必要な賛成票の数のことを〔55〕といい、両議院の議事の〔55〕は、原則として出席議員の〔56〕です。棄権票・白票・〔57〕などは、出席者の数に含めて考えるのが先例です。

55表決数
56過半数
57無効票

(58)両院協議会
(59)予算
(60)内閣総理大臣
(61)法律案

□　衆議院と参議院が異なる議決をした場合，両者を調整するために設置される協議機関のことを〔(58)〕といいます。〔(58)〕を必ず開かなければならないのは，〔(59)〕の議決・条約の締結と承認・〔(60)〕の指名に関するときです。〔(61)〕の議決に関するときは開いても開かなくてもいいことになっています。

(62)国政調査権
(63)～(65)指揮，命令，影響

□　国会の権能の中で，国会の各議院が国の政治を監督するために必要な調査を行う権利のことを〔(62)〕といいます。しかし，これには権力分立と基本的人権の原理による限界があります。〔(62)〕は司法権にも及びますが，一方で「司法権の独立」，つまり裁判官が他の国家機関から〔(63)〕・〔(64)〕・〔(65)〕を受けない，という原理があります。ですから，たとえば進行中の裁判の内容などを調査することは許されません。

(66)懲罰権
(67)(68)戒告，陳謝
(69)登院停止
(70)除名

□　国会議員に対する〔(66)〕の種類は次の４つです。公開議場における〔(67)〕，公開議場における〔(68)〕，一定期間の〔(69)〕，〔(70)〕。

2時間目
憲法第5章
内閣

▶ここで学ぶこと

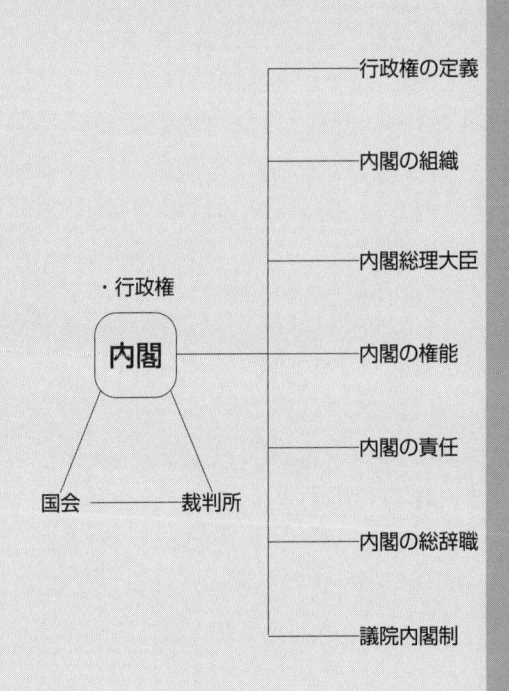

- 行政権の定義
- 内閣の組織
- 内閣総理大臣
- 内閣 ─ ・行政権 ─ 内閣の権能
- 内閣の責任
- 国会 ─ 裁判所
- 内閣の総辞職
- 議院内閣制

● 1
内閣と行政権

　1時間目で説明した三権分立をおさらいしましょう。日本国憲法では，立法は国会，行政は内閣，司法は裁判所でしたね。この時間で勉強する内閣は，三権のひとつである行政権の主体です。

　近代から現代にかけて，国民の実質的な平等・福祉の実現が求められるようになると，もともと法律を執行するのが任務だった行政府は，政策をつくったり実行したりすることまで含めて，国家の基本政策の決定にあたり中心的な役割を果たすようになってきました。これを**行政国家現象**といいます。

　しかしあまりにも行政権の役割が大きくなりすぎると，それが立法権や司法権に対して優越的な地位に立つようになってしまい，三権分立のバランスがこわれるおそれがあります。主権者である私たち国民が，この巨大な行政権をどうやってコントロールするかが，非常に大事な課題です。このことを頭においた上で，内閣について勉強しましょう。

　まず最初に内閣についての基本的な規定をまとめておきます。

内閣について・まずこれだけはおさえよう
①**内閣は行政権の主体**（65条）
②**内閣総理大臣は内閣の首長**（66条1項）
③**議院内閣制**（66条3項）

65条・行政権は，内閣に属する。

●2● 行政権とは

普通，行政権は次のようなものだと説明されます。

［すべての国家作用］－［立法権］－［司法権］＝［行政権］

つまり，すべての国家作用から立法権と司法権を引いた残りが，ぜんぶ行政権なのです。

●3● 内閣の組織

内閣は，内閣総理大臣と国務大臣で組織する合議体です。

合議体＝複数の人が集合して議論・意思決定する組織

内閣のメンバーについては，次のような要件があります。

要件＝必要な条件

内閣の構成員の条件
①文民であること （66条2項）
②国務大臣の過半数は国会議員の中から選ぶこと （68条）

---

①の「文民（ぶんみん）」の意味を説明しましょう。これは，過去に軍部が日本を支配し独走して，暗黒の戦争にのめりこんでいったことを反省し，軍部・軍人の不当な介入を防ぐ目的をもつ規定です。「文民」の定義についてはいろいろな説があります。(1)現在軍人でない者，(2)過去に職業軍人だった経歴を持たない者，(3)現在および過去において職業軍人でない者，などなど。

66条2項：内閣総理大臣・国務大臣は，文民でなければならない。

この規定は「シビリアン・コントロール (civilian control)」の趣旨を徹底させるためのものです。

軍人に対する最高の指揮監督権をもつ人は軍人でなく、文官でなければならないという原則

　なお「国務大臣」というコトバの意味について、次の点に注意してください。

「国務大臣」とは
①ひろい意味では：内閣総理大臣を含むすべての大臣を指す
②せまい意味では：内閣総理大臣以外のすべての大臣を指す
③各省の大臣もいれば、無任所の大臣もいる

---

　③について。普通の大臣は、外務大臣が外務省を担当するように、それぞれが各省を担当しています。ところが無任所大臣といって、国務大臣でありながら、担当する省庁をもたない人がいても、別にかまわないのです。

●4●
内閣総理大臣

　内閣総理大臣は国会議員の中から国会の議決で指名し、天皇が任命します（憲法67条・6条）。天皇の任命は形式的なもので、国会の指名が実際には任命です。

内閣法3条：各大臣は、別に法律の定めるところにより、主任の大臣として、行政事務を分担管理する。
②前項の規定は、行政事務を分担管理しない大臣の存することを妨げるものではない。

内閣総理大臣も内閣のメンバーのひとりですから、当然文民でなければなりません。

内閣総理大臣には、次のような権能があります。

内閣総理大臣の仕事
①国務大臣を任命したりクビにしたりする (68条)
②内閣を代表して議案を国会に提出する (72条)
③一般国務・外交関係について国会に報告する (72条)
④行政各部を指揮監督する (72条)
⑤閣議を主宰(しゅさい)する (内閣法4条)
⑥法律・政令に連署する (74条)

---

①の権限は、内閣総理大臣の国務大臣に対する決定的な優位を示しています。このように内閣総理大臣に強い権限を与えているのは、内閣の一体性と統一性を確保するためだと考えられます。

つまり、総理大臣がボスで国務大臣が部下であり、ボスは自由に部下を選んだりクビにしたりできる⇒それでこそ内閣は、一致団結して、行政権を行使することができるというわけです。そしてそのことは、内閣の責任をはっきりさせ、<u>内閣の国会に対する連帯責任のルール</u>を徹底するためにも必要なのです。

＜このことについては 後で勉強します＞

68条：②内閣総理大臣は、任意に国務大臣を罷免(ひめん)することができる。

●5● 内閣の権能

それでは、内閣が行使する行政権の内容について勉強しましょう。

内閣の仕事　　たくさんありますね！
① 法律の誠実な執行と国務の総理（73条1号）
② 外交関係の処理（73条2号）
③ 条約の締結（73条3号）
④ 官吏に関する事務（73条4号）
⑤ 予算の作成と国会への提出（73条5号）
⑥ 政令の制定（73条6号）
⑦ 恩赦の決定（73条7号）
⑧ 一般の行政事務（73条）
⑨ 天皇の国事行為に対する助言と承認（3条・7条）
⑩ 最高裁判所長官の指名（6条2号）
⑪ その他の裁判官の任命（79条1項・80条1項）
⑫ 国会の臨時会の召集（53条）
⑬ 予備費の支出（87条）
⑭ 決算審査・財政状況の報告（90条1項・91条）

上の黒板は、内閣の権能をとりあえず憲法の条文別に羅列したものです。

内容的に種類分けしてみましょう。

まず最も行政的な権能として、①と⑧が挙げられるでしょう。④もそれに準ずるものです。

外交関係の権能として，②と③があります。外交関係の処理は，内閣の仕事なのです。

司法権への対抗的なものとして⑦⑩⑪があります。⑦恩赦（おんしゃ）は，裁判所が決定した刑期を軽くする作用です。裁判所が決めたことを変えるのですから，この場合は，内閣が司法作用をしているということになります。本来司法権は裁判所に属するのが大原則ですが，その例外として，恩赦では内閣が司法作用の一部を担当するわけです。⑩と⑪は，人事面において内閣が司法権へ対抗できるものです。

立法権への対抗的なものとしては⑥があります。政令というのは法令の一種です。つまり本来立法権は国会に属するのが大原則ですが，政令というルールについては，内閣でつくることができるのです。

内閣は予算を担当しますが，⑤⑬⑭はそれに関するものです。

このように内閣の仕事は多岐（たき）にわたりますが，とくに問題になる大事なものをくわしく勉強しましょう。

❖条約の締結

条約は，文書による国家間の合意と定義されます。

外国と条約を結ぶことは，内閣の権能です（73条3号）。内閣の権能になっている理由は次のとおりです。

なぜ内閣が条約を締結するのか？
①政府(内閣)が外交関係をするのが伝統　かつては君主が…
②政府(内閣)が外国と交渉するのがもっとも適切

条約の締結が内閣の権能だといっても，内閣だけの独断でどんな条約でも結んでしまえるわけではありません。以下のプロセスを経て締結されます。

条約締結の手続きの流れ
①原則として事前に国会が承認する
　(調印後・批准後の場合もあり…73条3号・61条・60条2項)
②内閣が任命する全権委員が調印する
③内閣が批准する
④天皇が批准を認証　(7条8号)
⑤天皇が条約を公布　(7条1号)

　事前または事後に国会の承認が必要なのです。
　なお批准（ひじゅん）というのは，国家として条約を締結する旨の意思を**最終的に確認する行為**です。
　このようなプロセスをご覧になって，みなさんは次のように思うかもしれません。
　「…じゃあもし内閣が条約を締結した後で，国会が事後の承認を拒否したらどうなるの？　条約は外国との合意，つまり約束事でしょう？　日本の内閣が外国と約束してしまった後に，日本の国会がダメと言っていいものなの？」
　日本は後に説明するように議院内閣制というしくみをとっていて，たいていの場合，国会の多数派は内閣を支持するはずですが，少数与党の場合もありえないとは言いきれません。またたとえば，与党の中から「内閣は支持するけれども，その条約については反対だ」という人が出てくるかもしれません。

条約を国会が承認しなかった場合，条約の効力はどうなるのでしょうか。

次のように，いろいろな説があります。みなさんはどの説が一番妥当だと思いますか？

国会が承認しなかった条約の効力・4説
①「条約は法的には有効に成立。内閣の政治責任が生ずる」
②「国内法的には無効だが，国際法的には有効だ」
③「国内法的にも国際法的にも無効となる」
④「日本では条約を締結するために国会の承認が必要だ，ということが，諸外国にもよく知られている場合には，国内法的にはもちろん，国際法的にも無効だ」

外国との合意を重視するか，それともあくまで憲法73条3号の規定を重視して国会の承認にこだわるか，難しい問題ですね。条約のもつ国内法的な意味と国際法的な意味をよく考えて，バランスをとるようにしないと，きっと妥当な結果にはならないでしょう。

❖**予算の作成・国会への提出**　→4時間目

予算に関しては後でもっとくわしく勉強しますが，ここでも簡単にふれます。

83条は「国の財産を処理する権限は，国会の議決にもとづいて，これを行使しなければならない」と規定しています。内閣が予算を作成しますが，それを執行するには国会の議決が必要なのです。

予算に関する国会の議決には，衆議院の先議権(せんぎけん)①(60条1項)と優越②(60条2項)のルールがあります。

①＝衆議院が 先に審議する
②＝衆議院と参議院で異なる議決がされたら
　　　　衆議院の議決が優先する

❖政令の制定

政令について黒板で説明しますので覚えましょう。

政令とは
①行政機関の制定する法形式のルールを「命令」という。
②政令は内閣の定める命令。
③政令は命令の中で最高。

● 6 ●
内閣の責任

日本国憲法に，「内閣の責任」は 2 回出てきます。

内閣の責任
①天皇の国事行為(こくじこうい)について，内閣は自ら行う助言と承認の責任を負う⇒3条・7条
　　「はじめての憲法総論・人権」参照
②行政権の行使について，内閣は国会に対し連帯して責任を負う⇒66条3項

まず①について。天皇は国事行為を行うといっても実質的な権限をもっているわけではありませんので，内閣が天皇の国事行為を管理して，その責任もとるわけです。

つぎに②です。国会は国民に直接選挙された議員で構成される機関です。内閣はその国会で選ばれた総理大臣を中心とする機関ですから，国会に対して責任を負うわけです。

この責任は政治的な責任です。法律に具体的に書いてある罰を受けたりするものではありません。もっとも，次に説明しますように，たとえば衆議院で内閣不信任決議が可決されて 10 日以内に衆議院が解散されない場合，内閣は総辞職しなければなりませんが，この場合の総辞職は法的責任に近いものです。

●7●
内閣の総辞職

内閣はいつでも自らすすんで総辞職することができますが，次の場合には辞めたくなくても総辞職しなければなりません。

内閣が総辞職しなければならない 4 つの場合
①衆議院が内閣不信任決議を可決して，
　10 日以内に衆議院が解散されない場合 (69 条)
②衆議院が信任決議を否決して，
　10 日以内に衆議院が解散されない場合 (69 条)
③衆議院議員総選挙後に初めて国会が召集されたとき (70 条)
④内閣総理大臣が欠けた場合 (70 条)

---

①と②は実質的に同じですね。ようするに衆議院が内閣を信任しない場合です。

③総選挙で国会のメンバーが変わってしまったら、信任の根拠がなくなってしまうので総辞職しなければなりません。

④は内閣総理大臣が死んだり辞職したりした場合です。

8 議院内閣制

立法権をもつ議会（日本国憲法では国会）と行政権をもつ政府（日本国憲法では内閣）との関係は、国によっていろいろバリエーションがあります。アメリカに代表される大統領制、ドイツに代表される超然内閣制（閣僚内閣制）、スイスに代表される会議制などなど。

その中のひとつである議院内閣制は、歴史的にはイギリスで発展してきたものです。三権分立制の一種だといえますが、次のような特徴があります。

議院内閣制の特徴
①議会と内閣はゆるやかに分立している
②内閣は連帯して議会に対して責任を負う
③内閣のメンバーは議員の中から選ばれるのが普通

<大統領制では 国民の直接選挙で 大統領が選ばれます>

議院内閣制では、内閣が議会から信任されて生まれるので、議会と内閣は原則として協力関係にあるのが普通です。

<大統領制では 大統領が 議会と関係なく選ばれるので、対立することが多いです>

最近は議院内閣制における内閣と議会の関係について、議会を優位において考える傾向が強まっています。これは、議会の

議員や大統領制の大統領が国民によって直接選挙で選ばれるのに対し，議院内閣制の内閣は，主権者である国民からすれば，あくまで間接的に選ばれているにすぎない，という弱点があるからです。「首相公選制」というコトバも近ごろよく聞きますね。

❖衆議院の解散

先ほど内閣の総辞職についての説明の中で，「衆議院が内閣不信任決議を可決して，10日以内に衆議院が解散されない場合」いうときの「解散」は，議会の議員全員について，その任期が満了する前に議員の資格を失わせる行為という意味です。ところでちょっと思い出してみてください。国会は「国権の最高機関」でしたね。そのエライ国会の衆議院を解散させることができるのは，いったいだれでしょうか？

実は日本国憲法には，衆議院の解散権を持つのはだれかということを正面から規定した条文はありません。間接的な規定ならあります。

解散権はだれのもの？──ヒントとなる条文
①7条3項　衆議院の解散は天皇の国事行為のひとつ
②69条　　「内閣は…衆議院が解散されない限り，総辞職…」

---

①の天皇の国事行為は，すべて内閣の助言・承認が必要です。国会の解散についてももちろん同じですから，実質的な衆議院の解散権は，内閣にあるということになります。

キオークコーナー 2時間目

[用語チェック]

□ 内閣は行政権の主体で，〔①〕は内閣の首長です。また憲法66条3項は〔②〕を採用する趣旨の規定です。

① 内閣総理大臣
② 議院内閣制

□ 内閣は〔①〕と〔③〕で組織する合議体ですが，条件としてこれらの者は〔④〕でなければなりません。また国務大臣の〔⑤〕は国会議員でなければなりません。

③ 国務大臣
④ 文民
⑤ 過半数

□ 「国務大臣」とは，ひろい意味では〔⑥〕を含むすべての大臣を指し，せまい意味では〔⑥〕以外のすべての大臣を指します。また国務大臣には各省の大臣もいれば，〔⑦〕の大臣もいます。

⑥ 内閣総理大臣
⑦ 無任所

□ 内閣総理大臣は〔⑧〕の中から国会の議決で〔⑨〕し，天皇が〔⑩〕します。内閣総理大臣が〔⑪〕を任命したりクビにしたりする権能をもっているということは，〔⑪〕に対する決定的な優位を示しています。

⑧ 国会議員
⑨ 指名
⑩ 任命
⑪ 国務大臣

□ 内閣の仕事として次のものが挙げられます。法律の誠実な〔⑫〕と〔⑬〕の総理，外交関係の処理，〔⑭〕の締結，〔⑮〕に関する事務，〔⑯〕の作成と国会への提出，〔⑰〕の制定，〔⑱〕の決定，一般の行政事務，天皇の〔⑲〕に対する〔⑳〕と〔㉑〕，〔㉒〕の指名，その他の裁判官の〔㉓〕，国会の〔㉔〕会の召集，予備費の支出，決算審査・〔㉕〕状況の報告。

⑫ 執行
⑬ 国務
⑭ 条約
⑮ 官吏
⑯ 予算
⑰ 政令
⑱ 恩赦
⑲ 国事行為
⑳㉑ 助言，承認
㉒ 最高裁判所長官
㉓ 任命
㉔ 臨時
㉕ 財政

㉖国会	□ 条約は次のプロセスを経て締結されます。原則として事前に〔㉖〕が承認する（調印後・批准後の場合もあり）⇒全権委員の調印⇒内閣が〔㉗〕する⇒〔㉘〕が〔㉗〕を認証⇒天皇が条約を〔㉙〕。
㉗批准	
㉘天皇	
㉙公布	
	□ 条約を国会が承認しなかった場合，その条約の効力がどうなるかについては次のように説が分かれています。「条約は〔㉚〕的には有効に成立。内閣の〔㉛〕責任が生ずる」「〔㉜〕的には無効だが，国際法的には有効だ」「〔㉜〕的にも国際法的にも無効」などなど。
㉚法	
㉛政治	
㉜国内法	
㉝行政機関	□ 〔㉝〕の制定する法形式を命令といいますが，その中でも政令は〔㉞〕の定める命令であり，命令の中で最高のものです。
㉞内閣	
㉟行政権	□ 内閣は，〔㉟〕の行使について，〔㊱〕に対し連帯して責任を負います。
㊱国会	
	□ 内閣が総辞職しなければならないのは，次の場合です。〔㊲〕が〔㊳〕を可決して，10日以内に〔㊲〕が解散されない場合。〔㊲〕が信任決議を〔㊴〕して，10日以内に〔㊲〕が解散されない場合。〔㊲〕議員総選挙後に初めて〔㊵〕が召集されたとき。〔㊶〕が欠けた場合。
㊲衆議院	
㊳内閣不信任決議	
㊴否決	
㊵国会	
㊶内閣総理大臣	
	□ 議院内閣制の特徴として，次のようなことが挙げられます。議会と〔㊷〕はゆるやかに分立している。〔㊷〕は連帯して議会に対して責任を負う。〔㊷〕のメンバーは〔㊸〕の中から選ばれるのが普通。
㊷政府(内閣)	
㊸議員	

□ 実質的な衆議院の解散権は、〔㊹〕にあると考えることができます。 ㊹内閣

3時間目
憲法第6章
裁判所

▶ここで学ぶこと

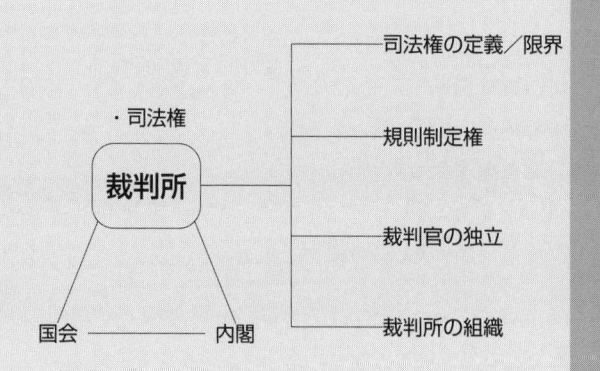

```
                        ┌── 司法権の定義/限界
          ・司法権       │
         ┌──────┐       ├── 規則制定権
         │ 裁判所 ├──────┤
         └──┬───┘       ├── 裁判官の独立
            │           │
      ┌─────┴─────┐     └── 裁判所の組織
     国会         内閣
```

●1● 裁判所と司法権

　三権分立の中で，裁判所は**司法権**を担当します。

　下の憲法76条1項を見てください。これが三権分立の中での司法権の独立を宣言している規定です。

　なお下級裁判所とは，高等裁判所・地方裁判所・家庭裁判所・簡易裁判所のことです。

❖司法権とは？

　司法権とは，具体的な争訟について，法を適用して宣言することによって，その紛争を裁定する国家作用だと定義できます。

　　　あらそいごと　　　さばくこと

　司法権の概念は次のように分析できます。

司法権を構成するもの
①具体的な紛争の存在
②適正な手続きの存在
③独立した裁判
④正しい法の適用の保障

76条：すべて司法権は，最高裁判所および法律の定めるところにより設置する下級裁判所に属する。

また76条2項の条文を見てください。これは、**特別裁判所の設置と行政機関による終審を禁止した規定**です。

　特別裁判所とは、特定の人や事件について裁判するために、一般的に司法権を行う裁判所の系列の外に設けられる、特別の裁判所のことです。大日本帝国憲法下の皇室裁判所や軍法会議などがその例です。これを禁止することによって、最高裁判所＋下級裁判所による司法権の独立が確立したのです。

　ただし、行政機関は行政特有の事件について一定の裁定をすることができます。その場合でも、最終的な判断を下す「終審」として裁判を行うことはできません。

　行政機関の裁判というのは、次のようなものです。

行政機関が行う裁判の例
①行政不服審査法における審査庁の裁決
②公正取引委員会の審決
③収用委員会の裁決

❖ **司法権の限界**

　裁判所に司法権があるといっても、すべてのことについて裁判所が裁判できるわけではありません。
　まず憲法は、司法権の独立の例外として次のものを定めます。

司法権の限界
①議員の資格争訟の裁判　55条。議院が裁判を行う
②裁判官の弾劾裁判　64条。両議院の議員による弾劾裁判所
　　↑
　公務員を やめさせる手続きの ひとつ

　また国際法上の限界として、外交使節の治外法権などがあります。さらに次のような解釈上の限界が問題になります。

司法権の範囲の解釈上の限界として問題にされるもの
①事件性がないもの　　学問・技術、宗教上の争いなど
②議院の自律権等に属する行為　議事手続き・議決の是非など
③国会や行政機関の自由裁量行為　　議員定数配分の可否など
④「統治行為」　衆議院解散の是非など
⑤「部分社会の法理」　　大学の単位認定の是非など

---

　①の理由によって裁判所が裁判すべきでないとされるものは、たとえば国家試験の合否の判定をめぐる争いなどです。
　③は裁量権をいちじるしく逸脱したり濫用しているような場合でないかぎり、裁判所はその是非を判断できないとされます。

④統治行為は「直接国家統治の基本に関する高度に政治性のある行為」と定義され，事件の性質によって司法審査の対象から外されるものをいいます。わかりやすくいえば，裁判所は政治的な問題には立ち入りません，ということです。このような統治行為論を認めない考え方の人もいますし，認めるにしてもその理由や範囲について多くの考え方が主張されています。

苫米地（とまべち）訴訟が有名です。
昭和35年6月8日・最高裁判所判決

⑤も問題になります。団体内部の争いについては団体の自治を尊重して，その自主的な解決にゆだねるべきだという考え方です。これに対して，一律に司法審査を控えるのではなく，ケースバイケースで対処すべきだという主張もあります。

●2● 規則制定権

下の憲法 77 条を見てください。これは、裁判関係の細かいルールづくりに関わる権利を、裁判所に対して認めた規定です。

規則は法律の一種ですから、この規則制定権は、立法権が国会に属するという原則に対する例外です。このような例外を認めた理由としては、次の 2 つが考えられます。

裁判所の規則制定権の趣旨
①司法権の独立・裁判の自主性を確保するため
②裁判所内部のことは裁判所自身が決めた方が合理的

●3● 裁判官の独立

憲法 76 条 3 項には、「すべて裁判官は、その良心に従い独立してその職権を行い、この憲法および法律にのみ拘束される」と書かれています。この場合の「良心」とは何でしょうか？ここでは、裁判官が裁判官として職業上持っていなければならない良心（客観的な良心）の意味だと覚えておいてください。

職権 → 職務上の権限
拘束 → 自由を制限すること

77条：最高裁判所は、訴訟に関する手続、弁護士、裁判所の内部規律および司法事務処理に関する事項について、規則を定める権限を有する。
②検察官は、最高裁判所の定める規則に従わなければならない。
③最高裁判所は、下級裁判所に関する規則を定める権限を、下級裁判所に委任することができる。

「裁判官の良心」とは？
①個人の道徳信念ではない⇒憲法19条の定める良心ではない
②政治権力に影響されず，日本の法体系を守る職業である
　「裁判官」としての良心を指す。

　さて，いま勉強した裁判官の独立を現実に確保するためには，次の2つについての保障が必要になってきます。

裁判官の独立をささえるもの
①身分上の保障
②経済上の保障

　まず，簡単に説明できる経済上の保障から説明しましょう。下の憲法79条6項を読んでみてください。キチンとした給料の保障がないと，買収されたりする可能性がありますから，このような規定があるのです。

76条：③すべて裁判官は，その良心に従い独立してその職権を行い，この憲法および法律にのみ拘束される。
79条：⑥最高裁判所の裁判官は，すべて定期に相当額の報酬を受ける。この報酬は，在任中，これを減額することができない。

❸裁判所 ▶ 65

次に身分上の保障について。

裁判官は，次のようなプロセスを経て職に就きます。

裁判官はどのようにして選ばれるか（79条1項）
①最高裁判所長官　内閣が指名し天皇が任命
②その他の裁判官　最高裁判所が名簿で指名して内閣が任命

内閣は最高裁の名簿を尊重しますので，実質的には最高裁判所の人事権が維持されます。さらに下の憲法78条を読んでみてください。身分保障に関する重要なルールが規定されています。

裁判官は，下の原因以外でクビになることはありません。

裁判官が辞めさせられる原因（定年と免官の願い出を除く）
①国会の弾劾裁判所による裁判　　　　64条・裁判官弾劾法
②分限裁判　　　　　　　　　　　　裁判官分限法
③国民審査　最高裁判所の裁判官のみ　79条

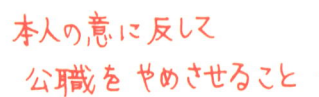

本人の意に反して
　公職をやめさせること

78条：裁判官は，裁判により，心身の故障のために職務を執ることができないと決定された場合を除いては，公の弾劾によらなければ罷免されない。裁判官の懲戒処分は，行政機関がこれを行うことはできない。

弾劾裁判は，職務上の義務にいちじるしく違反したり，職務をひどくサボッたり，悪いことをしたような場合に裁判官を辞めさせるものです。

分限裁判は，裁判官が心身の故障のために仕事ができないような場合に辞めさせるものです。

❖最高裁判所裁判官の国民審査

下の憲法79条2項を読んでください。これが最高裁判所裁判官の国民審査制を定めた条文です。

これまでに勉強したとおり，司法権は裁判所にありますが，裁判所の裁判官たちは国民の選挙によって選ばれるわけではありません。最高裁判所の長官は内閣が任命し，その他の裁判官は最高裁判所が指名するわけですから，実際に裁判官たちを選んでいるのは内閣と裁判所の人たちだといえるでしょう。

そこで，国民による裁判所の民主的コントロールを最低限度確保して，裁判所の独善を防ぐために，最高裁判所の裁判官について，国民が直接審査できる制度をつくったわけです。

ただしこの制度に関しては，審査のやり方に問題があると指摘されています。またこの国民審査がリコール制的な性質のものか，または信任・不信任的な性質のものかについて，議論が分かれています。

64条：国会は，罷免の訴追を受けた裁判官を裁判するため，両議院の議員で組織する弾劾裁判所を設ける。
79条：②最高裁判所の裁判官の任命は，その任命後初めて行われる衆議院議員総選挙の際国民の審査に付し，その後10年を経過した後初めて行われる衆議院議員総選挙の際更に審査に付し，その後も同様とする。

❖ 下級裁判所裁判官の再任制度

下の憲法80条1項を見てください。下級裁判所の裁判官の任期は10年で，再任が可能とされています。これについては，「よほどのことがないかぎり，再任されるのが原則」と考えたいと思います。そういう意味にとらないと，最高裁判所からみて，気に入らない下級裁判所の裁判官を簡単にクビにできることになってしまうからです。これでは司法権の内部の，裁判官の独立性を守ることができません。

司法権の独立には次の2つの意味があることを，よく覚えておいてください。

司法権の独立
①立法権・行政権に対する独立
　三権分立の中での独立。とくに政府権力からの独立
②司法権内部での独立
　個々の裁判官が司法権の中で独立性を保つということ

②が大事なのです。具体的には，たとえば長嶋裁判官が下級裁判所で刑事裁判をしているときに，最高裁判所や先輩の裁判官が「長嶋君，被告を有罪にしなさい」と干渉することは許されません。個々の裁判官の独立性が失われてしまうからです。

80条：下級裁判所の裁判官は，最高裁判所の指名した者の名簿によって，内閣でこれを任命する。その裁判官は，任期を10年とし，再任されることができる。ただし，法律の定める年齢に達した時には退官する。

●4● 裁判所の組織

最初にもお話ししましたが，裁判所には，最高裁判所・高等裁判所・地方裁判所・家庭裁判所・簡易裁判所の5種類があります。ひとつずつ勉強しましょう。

❖最高裁判所　略して「サイコウサイ」

最高裁判所は，東京都に設置される司法権の最高機関です。1人の最高裁判所長官と14人の最高裁判所判事の，計15人で構成されます。最高裁判所の裁判権は，次のとおりです。

最高裁判所が裁判するもの
①法令審査などの上告について
②訴訟法において特に定められた抗告について

審理・裁判は，次の2種類の法廷で行われます。

最高裁判所の法廷
①大法廷　15人全員で構成する
②小法廷　3人以上で構成する

裁判所法7条：最高裁判所は，次の事項について裁判権を有する。
1.上告　2.訴訟法において特に定める抗告

<u>法令審査</u>は，原則として，大法廷で行われます。

（法令の内容が憲法などに適合するかしないかを審査するもの

最高裁判所の裁判では，裁判書（判決書などのこと）に各裁判官の意見を表示しなければなりません（裁判所法11条）。反対意見などの少数意見も，誰がどんなことを書いたのかが明らかになります。

最高裁判所には，次のような権限があります。

最高裁判所の権能
① 最高裁判所規則を制定できる
② 下級裁判所の裁判官を指名する
③ 最高裁判所職員・下級裁判所・下級裁判所職員を監督する
④ その他司法行政に関する事務を行う

裁判所法9条：最高裁判所は，大法廷または小法廷で審理および裁判をする。
②大法廷は，全員の裁判官の，小法廷は，最高裁判所の定める員数の裁判官の合議体とする。ただし，小法廷の裁判官の員数は，3人以上でなければならない。
裁判所法11条：裁判書には，各裁判官の意見を表示しなければならない。

❖高等裁判所 略して「コウサイ」

　高等裁判所は，下級裁判所の中では最も上位の裁判所です。全国8カ所（東京，大阪，名古屋，広島，福岡，仙台，札幌，高松）にあって，支部が置かれることもあります。通常は3人の裁判官の合議体（ごうぎたい）で事件を審理します。

　高等裁判所の裁判権は，地方裁判所の第一審判決・家庭裁判所の判決・簡易裁判所の刑事に関する判決に対する控訴（こうそ）などです。

❖地方裁判所 略して「チサイ」

　地方裁判所は，各都道府県に1カ所ずつ設置されています(北海道は4カ所)。1人または3人の合議制で審議します。

　地方裁判所の裁判権は次のとおりです。

地方裁判所が裁判するもの
①原則として，民事・刑事・行政事件の第一審について
②簡易裁判所の判決に対する控訴について
③簡易裁判所の決定・命令に対する抗告について

裁判所法16条：高等裁判所は，次の事項について裁判権を有する。1.地方裁判所の第一審判決，家庭裁判所の判決および簡易裁判所の刑事に関する判決に対する控訴　2.7条2号の抗告を除いて，地方裁判所および家庭裁判所の決定および命令ならびに簡易裁判所の刑事に関する決定および命令に対する抗告　3.刑事に関するものを除いて，地方裁判所の第二審判決および簡易裁判所の判決に対する上告　4.刑法77〜79条の罪に係る訴訟の第一審

❖**家庭裁判所** 略して「カサイ」

　家庭裁判所は，1人または3人の合議制で審議します。家庭裁判所の裁判権は次のとおりです。

> **家庭裁判所が裁判するもの**
> ①家事審判法に定める家庭に関する事件の審判および調停
> ②人事訴訟法に定める人事訴訟の第一審について
> ③少年法に定める少年の保護事件の審判・一部の罪に関する訴訟の第一審について

❖**簡易裁判所** 略して「カンサイ」

　簡易裁判所の裁判官は1人制です。
　少額事件や，罰金以下の刑にあたる罪などの事件に関する第一審を担当します。

キオークコーナー 3時間目

[用語チェック]

① 紛争
② 裁判

③〜⑥ 高等裁判所，地方裁判所，家庭裁判所，簡易裁判所
⑦ 特別裁判所
⑧ 終審

⑨ 行政不服審査法
⑩ 公正取引
⑪ 収用

⑫ 資格争訟
⑬ 弾劾
⑭ 最高裁判所

⑮ 検察官

⑯ 規則制定権

⑰⑱ 身分上，経済上

□ 司法権を構成するものは，具体的な〔①〕・適正な手続きの存在，独立した〔②〕，正しい法の適用の保障と分析できます。
　また下級裁判所というのは，〔③〕・〔④〕・〔⑤〕・〔⑥〕のことです。
□ 76条2項「〔⑦〕は，これを設置することができない。…」
□ 行政機関は，〔⑧〕として裁判を行うことはできません。
□ 行政機関が行う裁判の例としては，〔⑨〕における審査庁の裁決・〔⑩〕委員会の審決・〔⑪〕委員会の裁決が挙げられます。
□ 司法権の独立の例外としては，議員の〔⑫〕の裁判，裁判官の〔⑬〕裁判などがあります。
□ 憲法77条は，「〔⑭〕は，訴訟に関する手続，弁護士，裁判所の内部規律および司法事務処理に関する事項について，規則を定める権限を有する」，「〔⑮〕は，〔⑭〕の定める規則に従わなければならない」と定めています。この権利のことを〔⑯〕といいます。
□ 裁判官の独立をささえるものとして，〔⑰〕の保障と〔⑱〕の保障があります。

- 最高裁判所の〔⑲〕は，〔⑳〕が指名し天皇が任命します。その他の裁判官は，〔㉑〕が名簿で指名して〔㉒〕が任命します。 ⑲長官
⑳内閣
㉑最高裁判所
㉒内閣
- 憲法78条「裁判官は，〔㉓〕により，心身の故障のために職務を執ることができないと決定された場合を除いては，〔㉔〕によらなければ罷免されない」 ㉓裁判
㉔公の弾劾
- 裁判官が辞めさせられる原因（定年と免官の願い出を除く）には，国会の〔㉕〕裁判所による裁判，〔㉖〕裁判，最高裁判所裁判官の〔㉗〕があります。 ㉕弾劾
㉖分限
㉗国民審査
- 79条2項「最高裁判所の裁判官の任命は，その任命後初めて行われる〔㉘〕総選挙の際国民の審査に付し，その後〔㉙〕年を経過した後初めて行われる〔㉘〕総選挙の際更に審査に付し，その後も同様とする」 ㉘衆議院議員
㉙10年
- 〔㉚〕の裁判官の任期は〔㉛〕年で，再任が可能とされています。 ㉚下級裁判所
㉛10
- 最高裁判所は，1人の〔㉜〕と〔㉝〕人の最高裁判所判事で構成されます。その裁判権は，法令審査などの〔㉞〕についてと訴訟法において特に定められた〔㉟〕についてです。法廷には，〔㊱〕人で構成する大法廷と〔㊲〕人以上で構成する小法廷があります。 ㉜最高裁判所長官
㉝14
㉞上告
㉟抗告
㊱15
㊲3

㊳最高裁判所規則 ㊴下級裁判所 ㊵司法行政 ㊶高等 ㊷1 ㊸1 ㊹3 ㊺〜㊼民事，刑事，行政 ㊽簡易 ㊾抗告	□　最高裁判所の権能は次のとおりです。〔㊳〕の制定，〔㊴〕の裁判官の指名，最高裁判所職員・〔㊴〕・その職員の監督，その他〔㊵〕に関する事務。 □　〔㊶〕裁判所は全国8カ所にあって，通常は3人の合議体で事件を審理します。 □　地方裁判所は，各都道府県に1カ所ずつ設置されていよす（北海道は4カ所）。〔㊸〕人または〔㊹〕人の合議制で審議します。 □　地方裁判所の裁判権は次のとおりです。 (1)原則として〔㊺〕・〔㊻〕・〔㊼〕事件の第一審について，(2)〔㊽〕裁判所の判決に対する控訴について，(3)〔㊽〕裁判所の決定・命令に対する〔㊾〕について。

4時間目
憲法第7章
財政

▶ここで学ぶこと

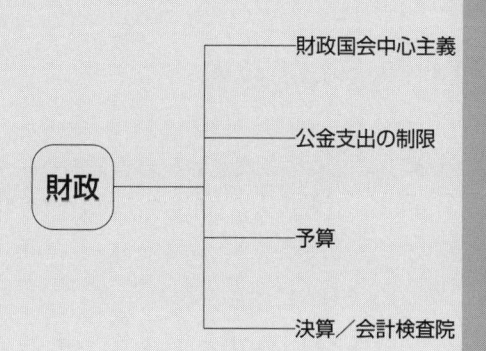

```
                    ┌── 財政国会中心主義
                    │
                    ├── 公金支出の制限
        財政 ───────┤
                    ├── 予算
                    │
                    └── 決算／会計検査院
```

●1● はじめに

財政とは，国家がその仕事を行うために必要な財産を調達し，管理し，使うという作用のことです。

国家は，お金がなくては活動することができません。そしてそのお金は，国民が負担しなければなりません。財政は国家の根幹であって，私たちにとっても非常に重要な問題なのです。

歴史的には，国王などの権力者が，国民に対して重い税を課し，それを拒否する国民との長い間の争いが，市民革命へのエネルギーのひとつとなりました。

ですから，**国民の納得のもとで，公正に税金を徴収し，効率的にその税金を使用し，国家国民を豊かにし，その結果を明確に国民に報告する**，というプロセスこそ，近代国家の土台だといえます。

●2● 財政国会中心主義

このように財政は大事なものですから，日本国憲法は第7章「財政」に9つの条文をおいて，基本的なルールを定めています。下の83条を見てください。これは財政を一般の行政と区別し，とくに国会の強いコントロールの下に置いた規定です。財政全般を貫く原則といえます。

「財政民主主義」ともいいます

83条：国の財政を処理する権限は，国会の議決にもとづいて，これを行使しなければならない。
84条：あらたに租税を課し，または現行の租税を変更するには，法律または法律の定める条件によることを必要とする。
30条：国民は，法律の定めるところにより，納税の義務を負う。

❖租税法律主義

　前ページ下の84条を見てください。83条の**財政国会中心主義**を，支出の面から具体化し，**租税法律主義**（そぜいほうりつしゅぎ）を定めた条文です。これは，**国家が国民に税金を課す場合には，国会で作られた法律の定める条件によらなければならない，という考え方**です。

　財政の中でも，租税＝税金に関する規定は最も重要です。憲法30条は国民の納税義務を定めていますが，直接国民に負担を強いるからこそ，税を新しく課したり変更するには，必ず国民の同意が必要だと考えるのです。

国民の三大義務
①教育を受けさせる義務 ─┐
②勤労の義務 　　　　　├ 『はじめての憲法総論・人権』
③納税の義務 　　　　　　　を参照してください

　租税は，日常的には税金と呼ばれたりしますが，定義すると「国または地方公共団体が，その課税権にもとづき，その使用する経費にあてるために，強制的に徴収する金銭給付」です。

　租税法律主義の内容は，次のようにまとめられます。

租税法律主義の内容
①課税要件法定主義
②課税要件明確主義

①は，納税義務者の範囲・課税物件・課税標準・税率などの課税要件と，租税の賦課・徴収の手続きが，法律で定められていなければならないということです。

　②は，①の法定内容がだれでも理解できるようなはっきりしたものでなければならない，ということです。

❖国費支出・国の債務負担の条件

　下の憲法85条を読んでください。83条の財政国会中心主義を，支出の面から具体化した規定です。

　国費の支出は，国家が必要なお金を現金で支払うことです。私たちが家庭で必要な物を買うためにお金を払うのと同じです。

　国庫債務負担行為は，国家が必要なお金を調達するために債務を負うことです。私たちが家庭で必要な物を買うために借金するのと同じです。

● 3 ●
公金支出の制限

　下の憲法89条を見てください。長い条文ですが，要約すれば「国のお金を，一部の宗教団体や思想組織にあげたりしてはいけない」という意味のことを規定した条文です。

　つまり，国が特定の宗教・思想団体とお金でつながることを禁じているわけです。

85条：国費を支出し，または国が債務を負担するには，国会の議決にもとづくことを必要とする。
89条：公金その他の公の財産は，宗教上の組織もしくは団体の使用，便益もしくは維持のため，または公の支配に属しない慈善，教育もしくは博愛の事業に対し，これを支出し，またはその利用に供してはならない。

宗教法人に対しては，税法上の免税（めんぜい）措置がとられていますが，このことがこの条文に違反するのではないか，と考える人もいます。特定の宗教団体ではなく宗教法人全体への免税措置ですが，結果的に宗教全体を国が保護することになり，政教分離（せいきょうぶんり）原則（げんそく）（20条）からみても問題だ，と主張するのです。一方，免税措置は「公金（こうきん）の支出」にはあたらない，と考える人もいます。みなさんはどう思いますか？

　89条後段の「公の支配に属しない慈善，教育もしくは博愛の事業」をどういう意味だととらえるか，考え方が対立していますが，ここでは一応，宗教団体に準ずるものとして理解しておいてください。国家の思想組織への中立性を宣言したものです。

●4● 予算

　下の憲法86条を見てください。これが予算に関する規定です。一年度ごとに内閣が作った予算を審議・議決して，国会によるコントロールを確保しようとするのがその目的です。

　まず，予算というコトバの意味を定義しましょう。

予算とは…
「一会計年度における国の歳入・歳出を予定的に
　　　見積もることを内容とする，財政行為の準則（じゅんそく）」

よって立つべき法則の定め、ルール

86条：内閣は，毎会計年度の予算を作成し，国会に提出して，その審議を受け議決を経なければならない。

かみくだいていえば、予算とは国がこの先1年間に予定する歳入・歳出の見積もりのことです。これが家庭なら、正月に向こう1年の収入と支出を予想して「これだけ収入がありそうだからこのように使おう」と決めるようなものです。

❖予算の法的性質・プロセス

　予算の性質については考え方がいろいろあります。

予算の法的性質・3説
①予算行政説「予算は行政行為だ」⇒法的拘束力がないと主張
②予算法形式説「予算は憲法が認める特殊な法形式のひとつだ」
③予算法律説「予算は法律だ」

②の考え方が通説です

　予算が作られるプロセスは86条が規定するとおりです。大事ですからあらためて黒板に分解して書いておきます。

予算はどのようにして決まるか (86条)
①内閣が作成する
②それを内閣が国会に提出する
③国会がそれを審議して議決する

　予算の議決については、衆議院の先議権と優越があります。

衆議院が先に審議 & 衆議院の議決が優先

一会計年度は4月1日〜3月31日です。予算には、会計年度独立の原則というルールがあって、各会計年度における経費はその年度の歳入でまかなわなければなりません。ただし継続費といって、特定の事業につき、2年度以上にわたって支出される費用もあります。

❖予算の種類

　一口に予算といっても、次のようなものがあります。

予算の種類
①本予算
②補正予算　　追加予算／修正予算
③暫定予算

　補正予算は、追加予算と修正予算に分けられます。追加予算は、本予算を作成した後の緊急的な経費の支出・債務の負担です。修正予算は、本予算に対して追加以外の変更をする場合です。
　暫定予算は、予算が新年度の開始までに成立しなかった場合に、とりあえず作って国会に提出するものです。

❖ 予備費

　予備費とは、あらかじめ予想することが難しい予算の不足が生じた場合にそなえて、歳入歳出予算に計上される費用のことです。

憲法87条1項が「予見し難い予算の不足に充てるため、国会の議決にもとづいて予備費を設け、内閣の責任でこれを支出する事ができる」と規定しています。

　予備費は、歳入歳出予算のなかに計上されますので形式的には予算の一部ですが、予算が不足したときに出すものです。そして「すべて予備費の支出については、内閣は、事後に国会の承諾を得なければならない」と87条2項が定めています。

●5● 決算・会計検査院

　決算の定義は、「一会計年度における、国家の現実の収入支出の実績を示す、確定的計数書」です。わかりやすくいえば、予算がこの先一年の収入・支出の予定だったのに対して、**決算は「実際にはこれだけ収入があり、支出がありました」と報告**するものです。

　決算は、法規範性をもたないとされています。つまり何かのルールとしての役割を持つものはありません。財務大臣が作成し、閣議で決定します。

　憲法90条1項は「国の収入支出の決算は、すべて毎年会計検査院がこれを検査し、内閣は、次の年度に、その検査報告と共に、これを国会に提出しなければならない」と規定しています。

　会計検査院は、決算を検査するための独立した行政機関です。3人の検査官で構成する検査官会議と事務局で組織されます。

検査官は次のプロセスで選ばれます。

会計検査院検査官の選任
①両議院の同意を経て内閣が任命
②天皇が認証

キオークコーナー 4時間目

[用語チェック]

- □ 憲法83条「国の財政を処理する権限は、〔①〕にもとづいて、これを行使しなければならない」この規定は、〔②〕の原則を定めたものです。　　①国会の議決　②財政国会中心主義（財政民主主義）
- □ 国家が国民に税金を課す場合には、国会で作られた法律の定める条件によらなければならない、という考え方を〔③〕といいます。　　③租税法律主義
- □ 租税は、日常的には〔④〕と呼ばれたりしますが、定義すると「国または〔⑤〕が、その課税権にもとづき、その使用する経費にあてるために、強制的に徴収する金銭給付」です。　　④税金　⑤地方公共団体
- □ 憲法85条「〔⑥〕を支出し、または国が債務を負担するには、〔⑦〕にもとづくことを必要とする」　　⑥国費　⑦国会の議決
- □ 公金支出の制限に関する憲法89条を要約すれば「国のお金を、一部の〔⑧〕団体や〔⑨〕組織にあげたりしてはいけない」ということです。〔⑧〕法人に対しては、税法上の〔⑩〕措置がとられていますが、このことがこの条文に違反するのではないか、と考える人もいます。　　⑧宗教　⑨思想　⑩免税

⑪歳入・歳出	□ 予算とは、「一会計年度における国の〔⑪〕を予定的に見積もることを内容とする，財政行為の準則」です。〔⑫〕が作成し，それを国会に提出して審議・議決します。予算の議決については，〔⑬〕院の〔⑭〕権と優越があります。
⑫内閣	
⑬衆議	
⑭先議	
⑮3月31	□ 一会計年度は4月1日～〔⑮〕日までです。予算には，〔⑯〕というルールがあって，各会計年度における経費はその年度の歳入でまかなわなければなりません。
⑯会計年度独立の原則	
⑰補正	□ 予算の種類は大きく分けて本予算・〔⑰〕予算・〔⑱〕予算に分けられます。〔⑰〕はまた〔⑲〕予算と〔⑳〕予算とに分けられます。〔⑲〕予算は，本予算を作成した後の緊急的な経費の支出・債務の負担です。〔⑳〕予算は〔⑲〕以外の変更です。
⑱暫定	
⑲追加	
⑳修正	
㉑予備	□ 〔㉑〕費とは，あらかじめ予想することが難しい予算の不足が生じた場合にそなえて，歳入歳出予算に計上される費用のことです。この支出については，内閣は事後に〔㉒〕の承諾を得なければならない，とされています。
㉒国会	
㉓決算	□ 〔㉓〕の定義は，「一会計年度における，国家の現実の収入支出の実績を示す，確定的計数書」です。これは〔㉔〕大臣が作成し，閣議で決定します。また〔㉓〕はすべて毎年〔㉕〕が検査し，内閣は，次の年度にその検査報告と共に，これを国会に提出しなければならないことになっています。
㉔財務	
㉕会計検査院	

5時間目
憲法第8章
地方自治

▶ここで学ぶこと

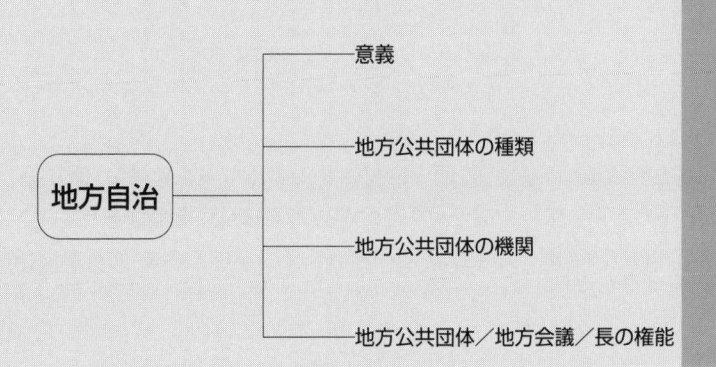

```
地方自治 ─┬─ 意義
         │
         ├─ 地方公共団体の種類
         │
         ├─ 地方公共団体の機関
         │
         └─ 地方公共団体／地方会議／長の権能
```

●1● 地方自治の意義

　憲法92条は,「地方公共団体の組織および運営に関する事項は,地方自治の本旨にもとづいて,法律でこれを定める」と規定しています。地方の政治について,**地方自治の考え方を尊重するという趣旨**の規定です。

　国家において地方の自治を尊重する考えは,比較的新しいものです。近代主権国家は,中央集権的な政府によって,統一的に国家・国民をコントロールするものです。国民主権の原理によって選挙で選ばれた国会議員と政府が,法の支配の原理で一元的に国家・国民を運営する考え方です。一元的であるということは,国の中のどこに住んでいる人に対しても平等にということでもあります。同じルールで国民全体が生活していく,というところに,資本主義の商取引が普及するカギもありました。

　しかし,資本主義国家が発展し,統一的な管理が行き届いてくると,中央集権の枠内での民主主義・平等主義の限界がでてきます。国家の中のある地域の実情に即した,住民自治の重要性が認識されはじめます。**住民の自発的なエネルギーを尊重し,地方固有の文化を保存するためにも,地方自治は重要な働きをします。**

　地方自治が果たす役割は,次の3つがあげられます。

地方自治の意義
①地方の実情を尊重させる
②中央の権力を抑制する機能
③「民主主義の学校」として

これらの地方自治の意義から考えると，92条にいう地方自治の「本旨」(=本来の趣旨) は，次のようにまとめられます。

地方自治の「本旨」の中身
①団体自治の原則　地方自治が国から独立した団体に任されて
　(法律的自由)　　その団体の意思と責任の下に行われること
②住民自治の原則　地方自治が住民の意思にもとづいて
　(政治的自由)　　行われること

●2● 地方公共団体の種類

地方自治が行われる舞台となるのが地方公共団体です。地方公共団体は次のように分類されます。

地方公共団体の種類 (地方自治法1条の3)
①普通地方公共団体　　都道府県・市町村
②特別地方公共団体　　特別区 (=東京都の23区。品川区など)
　　　　　　　　　　　地方公共団体の組合
　　　　　　　　　　　財産区
　　　　　　　　　　　地方開発事業団

●3● 地方公共団体の機関

下の憲法93条を読んでみてください。地方公共団体の機関について定めた条文です。

まず地方公共団体には，住民によって直接選挙された議員で構成される議会がおかれます。議員の被選挙権は，その地方公共団体の住民だけがもっています。住民でなければ議員にはなれないのです。

また地方公共団体の長，つまり県知事や市長なども，住民が直接選挙します。これは国の行政機関の長である内閣総理大臣が国会議員の中から国会の議決によって指名されるのと異なり，大統領制と同じようなやり方ですね。知事や市町村長の被選挙権は，その地方公共団体の住民だけに限られません。つまり地方公共団体の長は，そこの住民でなくてもなれるのです。たとえば兵庫県に住んでいる人でも，東京都知事に立候補できます。

❖住民の権利

地方公共団体の住民には，選挙権以外にも，地方自治法によって，条例の制定・改正・廃止請求権，議会の解散請求権，議員・長・役員などの解職請求権が認められています。

これらを「直接請求権」といいます

93条：地方公共団体には，法律の定めるところにより，その議事機関として議会を設置する。
②地方公共団体の長，その議会の議員および法律の定めるその他の吏員は，その地方公共団体の住民が，直接これを選挙する。

4 地方公共団体の権能

憲法94条は「地方公共団体は，その財産を管理し，事務を処理し，および行政を執行する権能を有し，法律の範囲内で条例を制定することができる」と規定しています。

地方公共団体の事務は，次の2つに分類できます。

地方公共団体の仕事
①自治事務　　　地方公共団体の本来の事務
②法定受託事務　法律などによって地方公共団体が
　　　　　　　　処理するべきとされたもの

地方公共団体には，次のような権限はありません。これらは国がもっぱら行う事務なのです。

地方公共団体ができないこと
①外交に関する事務
②司法
③刑罰
④郵便

❖特別法の住民投票

下の憲法 95 条を読んでみてください。これは，地方自治においてその住民の意思を尊重し，国による地方自治の侵害を防ぐ目的でおかれている条文です。

たとえば，A市の中に世界的に貴重な天然記念物であるメズラシヒマワリが生息していたとしましょう。それを保護するために，国会がA市の住民に特別な義務を課す法律を作りました。いわく「A市のすべての住民は毎週日曜日，メズラシヒマワリに水をやらなければならない」。これは他の地方公共団体の住民には課せられない，特別な義務負担ですね。このように，ひとつの地方公共団体だけに適用される特別法をつくるときには，住民の過半数の同意がなければダメだとしたわけです。

95条：一の地方公共団体のみに適用される特別法は，法律の定めるところにより，その地方公共団体の住民の投票においてその過半数の同意を得なければ，国会は，これを制定することができない。

● 5 ●
地方議会の権能

　地方議会の権限としては，条例制定権（じょうれいせいていけん）が重要です。下の条文で94条の内容をもう一度確認してください。

　条例制定権は，国でいえば立法権に相当する，地方公共団体の自主的な立法権です。ただし，条例の内容は法律の範囲内でなければなりません。

● 6 ●
地方公共団体の長の権能

　地方公共団体の長の権限は次のとおりです。

普通地方公共団体の長の仕事
①地方公共団体を統轄（とうかつ）・代表する
②議会に対して拒否権に相当する「付再議権（ふさいぎけん）」を行使する
③法令に違反しない限りにおいて，その権限に属する事務に関し規則を制定する

94条：地方公共団体は，その財産を管理し，事務を処理し，および行政を執行する権能を有し，法律の範囲内で条例を制定することができる。

キオークコーナー 5時間目

[用語チェック]

- □ 地方自治が果たす役割は，地方の実情を尊重させること，〔①〕を抑制すること，「〔②〕の学校」として，などがあげられます。
- □ 地方公共団体には，〔③〕・市町村の〔④〕地方公共団体と，〔⑤〕区・地方公共団体の組合・財産区・〔⑥〕事業団の〔⑦〕地方公共団体があります。
- □ 地方公共団体の長は〔⑧〕が直接選挙します。
- □ 地方公共団体の住民には，選挙権以外にも，地方自治法によって，〔⑨〕の制定・改正・廃止請求権，〔⑩〕の解散請求権，議員・長・役員などの〔⑪〕請求権が認められています。
- □ 地方公共団体の事務には，自治事務と〔⑫〕があります。また地方公共団体は，外交に関する事務・〔⑬〕法・〔⑭〕・郵便などの事務を行うことはできません。
- □ 憲法95条「一の地方公共団体のみに適用される〔⑮〕法は，法律の定めるところにより，その地方公共団体の住民の投票においてその〔⑯〕の同意を得なければ，国会は，これを制定することができない」

①中央の権力
②民主主義
③都道府県
④普通
⑤特別
⑥地方開発
⑦特別
⑧住民
⑨条例
⑩議会
⑪解職
⑫法定受託事務
⑬司
⑭刑罰
⑮特別
⑯過半数

6時間目
憲法第9章・第10章
憲法保障

▶ここで学ぶこと

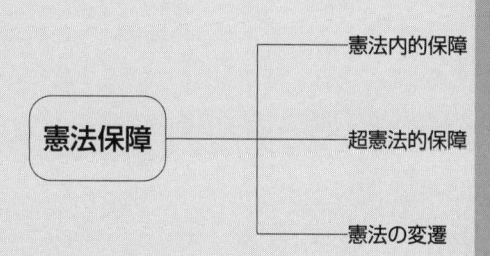

```
                    ┌── 憲法内的保障
憲法保障 ───────────┼── 超憲法的保障
                    └── 憲法の変遷
```

●0
憲法の不動性と現実の変化

憲法は国の最高法規です。国家の土台をなすものですから,ある意味では,不動のものであるべきです。国民や組織が,常に最も大切な規範として,振り返り,尊重するべきものです。

しかし,一方では,現代社会はめまぐるしく変化します。いくら慎重につくられた憲法でも,時代の変化についていけなくなることは,当然ありえます。

この,憲法の不動性と現実の変化の矛盾は,私たちが憲法を考えるときに最も重要なポイントのひとつでしょう。

●1
憲法保障とは

憲法は最高法規,根本規範として安定性が求められますが,政治権力が自分の都合のいいように憲法をゆがめてしまう可能性があります。そういう政治的な動きを防ぐために,憲法そのものを保障するしくみが憲法秩序の中に組み込まれなければなりません。これが憲法保障の制度とよばれるものです。

憲法保障制度は,次の2つに分かれます。

憲法を守る制度
①憲法自身に規定されている憲法保障制度
②憲法に規定されない超憲法的なもの

黒板①の,憲法の条文の中に規定されている憲法保障制度には次のようなものがあります。

憲法内的保障
①81条　違憲立法審査権　　　19ページ参照
②96条　憲法改正手続き　　　後で勉強します
③98条　憲法の最高法規性の宣言
④99条　公務員の憲法尊重擁護義務　←きもること

98条・99条については下の条文で意味を確認してください。
次に，先ほどの黒板②の，憲法の条文に規定されていない憲法保障制度について。次のようなものがあります。

超憲法的保障
①抵抗権
②国家緊急権

これらについて少しくわしく勉強しましょう。

98条：この憲法は，国の最高法規であって，その条規に反する法律，命令，詔勅および国務に関するその他の行為の全部または一部は，その効力を有しない。
②日本国が締結した条約および確立された国際法規は，これを誠実に遵守することを必要とする。
99条：天皇または摂政および国務大臣，国会議員，裁判官その他の公務員は，この憲法を尊重し擁護する義務を負う。

❖抵抗権

抵抗権は，政治権力が民主的な立憲主義憲法を破壊した場合に，国民が実力で抵抗する権利のことです。ポイントをまとめます。

抵抗権とは？
① 市民革命の時代に生まれた
② 自然法思想にもとづく
③ 本質的に非合法的

抵抗権の考え方は，本質的に非合法的なもので，革命思想とも結びつきます。安易に認めると，反政府グループなどの実力行使を認めてしまうことにもなりかねません。かといって，政治権力が人権を侵害し，民主主義を破壊し，立憲主義憲法秩序をふみにじっているときにも国民は何の抵抗権もない，というのは現実的ではありません。

日本国憲法には，抵抗権を直接認める条文はありませんが，抵抗権の理念は組み込まれていると考えるべきです。

❖国家緊急権

戦争や大地震などの場合には，通常の法秩序では対処しにくい非常事態が発生します。国家権力が，憲法秩序を一時的に無視して，超憲法的な非常措置をとる権限を国家緊急権といいます。

●2● 憲法の変動

この時間の最初にもお話ししましたが，憲法といえども，あらゆる時代の変化についていけるというわけではありません。

このような場合，憲法の改正が問題になります。また，いわゆる憲法の変遷という現象がおこることがあります。

●3● 憲法改正

憲法改正は，成文の憲法の内容について，その定める手続きに従って変更を加えることです。憲法を物理的に変えるのです。

日本国憲法は，普通の法律にくらべて改正しにくくなっています。各議院の総議員の3分の2以上の賛成と，国民投票における過半数の賛成が必要だからです。

<u>このような憲法を「硬性憲法」といいます</u>

憲法改正の手続きのプロセスは次のとおりです。

憲法の改正手続き
① 国会の発議　　各議員の総議員の3分の2以上の賛成
② 国民投票　　　過半数の賛成
③ 天皇の公布

96条：この憲法の改正は，各議院の総議員の3分の2以上の賛成で，国会が，これを発議し，国民に提案してその承認を経なければならない。この承認には，特別の国民投票または国会の定める選挙の際行われる投票において，その過半数の賛成を必要とする。

❖ **憲法改正の発議**

　憲法改正における発議は，国民に提案する改正案を国会が決定するということです。「総議員の３分の２…」と規定していますが，この場合の「総議員」の意味については争いがあります。

憲法改正発議の「総議員」とは・2説
① 「各議院の法定議員数だ」
② 「各議院に現に存在する議員の総数だ」

　憲法改正を発議するには，改正案が提示されなければなりません。これをする権利を発案権（はつあんけん）といいます。各議員がこの発案権を持っているのですが，内閣にも発案権があるか否かについて争いがあります。しかし，どっちみち内閣のメンバーの過半数は国会議員なので，内閣に発案権がなかったとしても，内閣のメンバーを通して発案することができます。

　また審議の定足数については，議決に３分の２以上の賛成を必要とするので，定足数も３分の２だと考えるのが通説です。

❖ **国民投票**

　憲法改正の国民の承認は，国民投票という形で行われます。

　国民投票は「特別の国民投票」か「国会の定める選挙の際行われる投票」のどちらかによって実施されます。

　いままで，憲法改正は決議されたことがなく，国民投票も行われていません。ですから，国民投票の具体的方法はまだ決められていません。

❖天皇の公布

　下の96条2項を見てください。憲法改正が国民投票によって承認された場合の規定です。

　天皇が「国民の名」で公布するというのは、主権者である国民の意思であるということを明確にするものです。天皇の公布は形式的なものです。

❖憲法改正行為の限界

　いままで見てきたとおり、憲法は改止手続きを規定しています。まるで自ら「時代に合わなくなったら私を改正してください」と明言しているかのようです。

　しかし、この改正手続きによるのであれば、どんな内容の改正もできるのでしょうか？　たとえば、国民主権を否定し軍部独裁を宣言するような内容に変えることができるでしょうか？

　いろいろな考え方が主張されていますが、憲法保障制度の趣旨からいって、**少なくとも国民主権・個人の尊厳・基本的人権の尊重・平和主義など、憲法の根本的な原理をくつがえすような改正はできないといえるでしょう。**

97条：②憲法改正について前項の承認を経たときは、天皇は、国民の名で、この憲法と一体を成すものとして、直ちにこれを公布する。

●4●
憲法の変遷

　憲法の変遷というのは，一般的に「憲法の定める改正のプロセスをふんでいないのに，実質的に憲法を改正したのと同じような効果を生じる現象」をいいます。これは具体的には，憲法に違反している実例が存在し，その実例の方がむしろ法的に効力を認められて，それと矛盾する憲法の規定の方が逆に実効性を失うという現象を指します。

　あるルールに違反する既成事実が続くと，その既成事実の方が説得力を持ち，当たり前のこととなってしまい，ルールの方はすっかり形骸化して，存在しないも同然になってしまうということは，憲法以外のルールでもちょくちょくあることですよね。

　こういう事態になったときに，既成事実の方に憲法に匹敵する効力を認めて，実質的に憲法規範が変わったと見てよいでしょうか。肯定する考え方と否定する考え方とが対立しています。

キオークコーナー 6時間目

[用語チェック]

□ 憲法保障の制度のうち，憲法の条文の中に規定されているものには次のようなものがあります。81条の〔①〕権，96条の憲法改正手続き，98条の憲法の〔②〕の宣言，99条の公務員の〔③〕義務。また憲法の条文に規定されていない憲法保障制度には，〔④〕と〔⑤〕があります。

①違憲立法審査
②最高法規性
③憲法尊重擁護
④⑤抵抗権，国家緊急権

□ 日本国憲法は，普通の法律にくらべて改正しにくくなっています。各議院の総議員の〔⑥〕以上の賛成と，国民投票における〔⑦〕の賛成が必要だからです。このような憲法を〔⑧〕といいます。

⑥3分の2
⑦過半数
⑧硬性憲法

□ 憲法改正を発議するには，改正案が提示されなければなりません。これをする権利を〔⑨〕といいます。

⑨発案権

□ 憲法改正の国民投票については，「特別の国民投票」か「〔⑩〕の定める選挙の際行われる投票」のどちらかによって実施されます。

⑩国会

□ 憲法改正の天皇による公布は，主権者である国民の意思であるということを明確にするもので，〔⑪〕的なものです。

⑪形式

巻末付録

- 大日本帝国憲法を読んでみよう
- 日本国憲法と明治憲法の比較
- 権力分立（三権分立）
- 人の一生と権利
- 法の系統樹
- 法の段階
- 定足数
- 憲法条文の難読語

大日本帝国憲法を読んでみよう

　ここは特別付録のホームルームコーナーです。
　みなさんは大日本帝国憲法(だいにっぽんていこくけんぽう)を読んだことがありますか。
　大日本帝国憲法は明治憲法(めいじけんぽう)ともいい，1889（明治22）年2月11日公布・翌年11月29日施行された，日本で初めての近代憲法です。その内容のポイントはつぎのようにまとめられます。

大日本帝国憲法のポイント
① 欽定(きんてい)憲法　　君主がつくった憲法
② 天皇主権と立憲主義・民主主義の妥協
③ 天皇は国の元首で統治権を一手に持つ
④ 臣民(しんみん)の権利・自由は法律で制限できる

　この大日本国憲法は，第二次大戦後，新しい「日本国憲法」に改められて失効しました。こうした経緯は歴史の授業で習ってご存じかもしれませんが，条文そのものを見たことがある人は，意外と少ないのではないでしょうか。今までこの本で勉強してきた日本国憲法の統治のしくみを思い出して比較しながら，一度読んでみていただきたいと思い掲載しました。
　なお，原文の意味を損なわない範囲で，できるだけ読みやすいように書きかえてあります。また各条文に，読みくらべてみてほしい日本国憲法の参照条文を示しておきました。

❖ 告文

皇朕れ謹み畏み，
皇祖
皇宗の神霊に誥げ白さく，皇朕れ天壌無窮の宏謨に循い，惟神の宝祚を承継し，旧図を保持してあえて失墜することなし。顧みるに，世局の進運に鷹り，人文の発達に随い，よろしく
皇祖
皇宗の遺訓を明徴にし，典憲を成立し，条章を昭示し，内はもって子孫の率由する所となし，外はもって臣民翼賛の道を広め，永遠に遵行せしめ，益々国家の丕基を鞏固にし，八洲民生の慶福を増進すべし。ここに皇室典範および憲法を制定す。惟うにこれ皆
皇祖
皇宗の後裔に貽したまえる統治の洪範を紹述するにほかならず，しかして朕が躬に逮んで時とともに挙行することを得るは洵に
皇祖
皇宗および我が
皇考の威霊に倚藉するに由らざるはなし。皇朕れ仰いで
皇祖
皇宗および
皇考の神祐を祈り，併せて朕が現在および将来に臣民に率先しこの憲章を履行して愆らざらんことを誓う。庶幾くは神霊此れを鑒みたまえ。

❖憲法発布勅語

　朕，国家の隆昌と臣民の慶福とをもって中心の欣栄とし，朕が祖宗に承くるの大権により，現在および将来の臣民に対し，この不磨の大典を宣布す。

　惟うに，我が祖，我が宗は，我が臣民祖先の協力輔翼により，我が帝国を肇造し，もって無窮に垂れたり。これ我が神聖なる祖宗の威徳と，ならびに臣民の忠実勇武にして国を愛し公に殉い，もってこの光輝ある国史の成跡を貽したるなり。朕，我が臣民はすなわち祖宗の忠良なる臣民の子孫なるを回想し，その朕が意を奉体し，朕が事を奨順し，相与に和衷協同し，益々我が帝国の光栄を中外に宣揚し，祖宗の遺業を永久に鞏固ならしむるの希望を同じくし，この負担を分かつに堪うることを疑わざるなり。

　朕，祖宗の遺烈を承け，万世一系の帝位を践み，朕が親愛する所の臣民はすなわち朕が祖宗の恵撫慈養したまいし所の臣民なるを念い，その康福を増進し，その懿徳良能を発達せしむことを願い，またその翼賛によりともにともに国家の進運を扶持せんことを望み，すなわち明治14年10月12日の詔命を履践し，ここに大憲を制定し，朕が率由する所を示し，朕が後嗣および臣民および臣民の子孫たる者をして永遠に循行する所を知らしむ。

　国家統治の大権は，朕がこれを祖宗に承けて，これを子孫に伝うる所なり。朕および朕が子孫は，将来この憲法の条章に循い，これを行うことを愆らざるべし。

　朕は，我が臣民の権利および財産の安全を貴重し，およびこれを保護し，この憲法および法律の範囲内において，その享有を完全ならしむべきことを宣言す。

帝国議会は明治23年をもってこれを召集し，議会開会の時をもって，この憲法をして有効ならしむるの期とすべし。

　将来，もしこの憲法のある条章を改定するの必要なる時宜を見るに至らば，朕および朕が継統の子孫は発議の権を執り，これを議会に付し，議会はこの憲法に定めたる要件によりこれを議決するのほか，朕が子孫および臣民は，あえてこれが紛更を試みることを得ざるべし。

　朕が在廷の大臣は，朕がためにこの憲法を施行するの責に任ずべく，朕が現在および将来の臣民は，この憲法に対し，永遠に従順の義務を負うべし。

⇔日本国憲法前文

❖第1章　天皇

第1条▶大日本帝国は，万世一系の天皇これを統治す。

⇔日本国憲法1条

第2条▶皇位は，皇室典範の定むる所により，皇男子孫これを継承す。

⇔日本国憲法2条

第3条▶天皇は，神聖にして侵すべからず。

⇔日本国憲法1条

第4条▶天皇は，国の元首にして統治権を総攬し，この憲法の条規によりこれを行う。

⇔日本国憲法3条・4条

第5条▶天皇は，帝国議会の協賛をもって立法権を行う。

⇔日本国憲法41条

第6条▶天皇は，法律を裁可し，その公布および執行を命ず。

⇔日本国憲法7条

第7条▶天皇は，帝国議会を召集し，その開会，閉会，停会お

よび衆議院の解散を命ず。

⇔日本国憲法7条

第8条▶天皇は，公共の安全を保持しまたはその災厄を避けるため，緊急の必要により，帝国議会閉会の場合において法律に代わるべき勅令を発す。
②この勅令は，次の会期において帝国議会に提出すべし。もし議会において承諾せざるときは，政府は，将来に向かいてその効力を失うことを公布すべし。

⇔日本国憲法41条

第9条▶天皇は，法律を執行するために，または公共の安寧秩序を保持し，および臣民の幸福を増進するために，必要なる命令を発し，または発せしむ。ただし，命令をもって法律を変更することを得ず。

⇔日本国憲法73条

第10条▶天皇は，行政各部の官制および文武官の俸給を定め，および文武官を任免す。ただし，この憲法または他の法律に特例を掲げたるものは，各々その条項による。

⇔日本国憲法7条

第11条▶天皇は，陸海軍を統帥す。

指揮・統率する ⇔日本国憲法9条

第12条▶天皇は，陸海軍の編制および常備兵額を定む。

⇔日本国憲法9条

第13条▶天皇は，戦を宣し，和を講し，および諸般の条約を締結す。

⇔日本国憲法9条

第14条▶天皇は，戒厳を宣告す。
②戒厳の要件および効力は，法律をもってこれを定む。

第15条▶天皇は，爵位勲章およびその他の栄典を授与す。

⇔日本国憲法7条

第16条▶天皇は，大赦，特赦，減刑および復権を命ず。

⇔日本国憲法7条

第17条▶摂政を置くは，皇室典範の定むる所による。
②摂政は，天皇の名において大権を行う。

⇔日本国憲法5条

❖**第2章　臣民権利義務**

第18条▶日本臣民たるの要件は，法律の定むる所による。

⇔日本国憲法10条

第19条▶日本臣民は，法律命令の定むる所の資格に応じ，ひとしく文武官に任ぜられ，およびその他の公務に就くことを得。

⇔日本国憲法14条

第20条▶日本臣民は，法律の定むる所に従い，兵役の義務を有す。

⇔日本国憲法9条

第21条▶日本臣民は，法律の定むる所に従い，納税の義務を有す。

⇔日本国憲法30条

第22条▶日本臣民は，法律の範囲内において，居住および移転の自由を有す。

⇔日本国憲法22条

第23条▶日本臣民は，法律によるにあらずして，逮捕，監禁，審問，処罰を受くることなし。

⇔日本国憲法31条

第24条▶日本臣民は，法律に定めたる裁判官の裁判を受くるの権を奪わるることなし。

　　　　　　　　　　　　　　⇔日本国憲法32条

第25条▶日本臣民は，法律に定めたる場合を除くほか，その許諾なくして住所に侵入せられ，および捜索せらるることなし。

　　　　　　　　　　　　　　⇔日本国憲法35条

第26条▶日本臣民は，法律に定めたる場合を除くほか，信書の秘密を侵（おか）さるることなし。

　　　　　　　　　　　　　　⇔日本国憲法21条

第27条▶日本臣民は，その所有権を侵さるることなし。
②公益のため必要なる処分は，法律の定むる所による。

　　　　　　　　　　　　　　⇔日本国憲法29条

第28条▶日本臣民は，安寧秩序を妨げず，および臣民たるの義務にそむかざる限りにおいて，信教の自由を有す。

　　　　　　　　　　　　　　⇔日本国憲法20条

第29条▶日本臣民は，法律の範囲内において，言論，著作，印行（いんこう），集会および結社の自由を有す。

〔印行＝印刷して発行すること〕

　　　　　　　　　　　　　　⇔日本国憲法21条

第30条▶日本臣民は，相当の敬礼を守り，別に定むる所の規程に従い，請願をなすことを得。

　　　　　　　　　　　　　　⇔日本国憲法16条

第31条▶本章に掲げたる条規は，戦時または国家事変の場合において，天皇大権の施行を妨ぐることなし。

　　　　　　　　　　　　　　⇔日本国憲法11条・13条・97条

第32条▶本章に掲げたる条規は，陸海軍の法令または紀律（きりつ）に牴触（ていしょく）せざるものに限り，軍人に準行（じゅんこう）す。

❖第3章　帝国議会

第33条▶帝国議会は，貴族院，衆議院の両院をもって成立す。

　　　　　　　　　　　　　　⇔日本国憲法42条

第34条▶貴族院は，貴族院令の定むる所により，皇族，華族および勅任せられたる議員をもって組織す。

⇔日本国憲法43条

第35条▶衆議院は，選挙法の定むる所により公選せられたる議員をもって組織す。

⇔日本国憲法43条

第36条▶何人も，同時に両議院の議員たることを得ず。

⇔日本国憲法48条

第37条▶すべて法律は，帝国議会の協賛を経るを要す。

⇔日本国憲法41条

第38条▶両議院は，政府の提出する法律案を議決し，および各々法律案を提出することを得。

第39条▶両議院の一において否決したる法律案は，同会期中において再び提出することを得ず。

第40条▶両議院は，法律またはその他の事件につき，各々その意見を政府に建議することを得。ただし，その採納を得ざるものは，同会期中において再び建議することを得ず。

採用

第41条▶帝国議会は，毎年これを召集す。

⇔日本国憲法52条

第42条▶帝国議会は，3カ月をもって会期とす。必要ある場合においては，勅命をもってこれを延長することあるべし。

第43条▶臨時緊急の必要ある場合において，常会のほか臨時会を召集すべし。
②臨時会の会期を定むるは，勅命による。

⇔日本国憲法53条

第44条▶帝国議会の開会，閉会，会期の延長および停会は，両院同時にこれを行うべし。
②衆議院解散を命ぜられたるときは，貴族院は，同時に停会（ていかい）せらるべし。

⇔日本国憲法54条

第45条▶衆議院解散を命ぜられたるときは，勅命をもって新たに議員を選挙せしめ，解散の日より5カ月以内にこれを召集すべし。

⇔日本国憲法54条

第46条▶両議院は，各々その総議員3分の1以上出席するにあらざれば，議事を開き議決をなすことを得ず。

⇔日本国憲法56条

第47条▶両議院の議事は，過半数をもって決す。可否同数なるときは，議長の決する所による。

⇔日本国憲法56条

第48条▶両議院の会議は，公開す。ただし，政府の要求またはその院の決議により，秘密会となすことを得。

⇔日本国憲法57条

第49条▶両議院は，各々天皇に上奏（じょうそう）することを得。
　　　　　　　　　　　　　意見を申し述べる

第50条▶両議院は，臣民より呈出（ていしゅつ）する請願書を受くることを得。

第51条▶両議院は，この憲法および議院法に掲ぐるもののほか，内部の整理に必要なる諸規則を定むることを得。

⇔日本国憲法58条

第52条▶両議院の議員は，議院において発言したる意見およ

び表決につき，院外において責を負うことなし。ただし，議員自らその言論を演説，刊行，筆記またはその他の方法をもって公布したるときは，一般の法律により処分せらるべし。

⇔日本国憲法51条

第53条▶両議院の議員は，現行犯罪または内乱，外患に関る罪を除くほか，会期中その院の許諾なくして逮捕せらるることなし。

⇔日本国憲法50条

第54条▶国務大臣および政府委員は，何時たりとも各議院に出席しおよび発言することを得。

⇔日本国憲法63条

❖第4章　国務大臣および枢密顧問

たすけること

第55条▶国務各大臣は，天皇を輔弼し，その責に任ず。
②すべて法律勅令その他国務に関る詔勅は，国務大臣の副署を要す。

詔書・勅書・勅語　⇔日本国憲法65条・74条

第56条▶枢密顧問は，枢密院官制の定むる所により，天皇の諮詢に応え，重要の国務を審議す。

相談すること

❖第5章　司法

第57条▶司法権は，天皇の名において，法律により，裁判所これを行う。
②裁判所の構成は，法律をもってこれを定む。

⇔日本国憲法76条

第58条▶裁判官は，法律に定めたる資格をそなうる者をもってこれに任ず。
②裁判官は，刑法の宣告または懲戒の処分によるのほか，その

職を免ぜらるることなし。
③懲戒の条規は，法律をもってこれを定む。
⇔日本国憲法78条・79条・80条
第59条▶裁判の対審(たいしん)判決は，これを公開す。ただし，安寧秩序または風俗を害するのおそれあるときは，法律によりまたは裁判所の決議をもって，対審の公開を停むることを得。
⇔日本国憲法82条
第60条▶特別裁判所の管轄に属すべきものは，別に法律をもってこれを定む。
⇔日本国憲法76条
第61条▶行政官庁の違法処分により権利を傷害せられたりとするの訴訟にして，別に法律をもって定めたる行政裁判所の裁判に属すべきものは，司法裁判所において受理するの限りにあらず。
⇔日本国憲法76条

❖第6章　会計

第62条▶新たに租税を課し，および税率を変更するは，法律をもってこれを定むべし。
②ただし，報償(ほうしょう)に属する行政上の手数料，およびその他の収納金は，前項の限りにあらず。
③国債を起こし，および予算に定めたるものを除くほか，国庫の負担となるべき契約をなすは，帝国議会の協賛を経べし。
⇔日本国憲法83条・85条
第63条▶現行の租税は，さらに法律をもってこれを改めざる限りは，旧によりこれを徴収す。
⇔日本国憲法85条
第64条▶国家の歳出歳入は，毎年予算をもって帝国議会の協

賛を経べし。
②予算の款項に超過し，または予算のほかに生じたる支出あるときは，後日帝国議会の承諾を求むるを要す。

⇔日本国憲法 86 条
第 65 条▶予算は，前に衆議院に提出すべし。

⇔日本国憲法 60 条
第 66 条▶皇室経費は，現在の定額により毎年国庫よりこれを支出し，将来増額を要する場合を除くほか，帝国議会の協賛を要せず。

⇔日本国憲法 88 条
第 67 条▶憲法上の大権にもとづける既定の歳出，および法律の結果によりまたは法律上政府の義務に属する歳出は，政府の同意なくして帝国議会これを廃除し，または削減することを得ず。

第 68 条▶特別の須要により，政府はあらかじめ年限を定め，継続費として帝国議会の協賛を求むることを得。

第 69 条▶避くべからざる予算の不足を補うために，または予算のほかに生じたる必要の費用に充つるために，予備費を設くべし。

⇔日本国憲法 87 条
第 70 条▶公共の安全を保持するため緊急の需用ある場合において，内外の情形により，政府は帝国議会を召集すること能わざるときは勅令により，財政上必要の処分をなすことを得。
②前項の場合においては，次の会期において帝国議会に提出し，その承諾を求むるを要す。

第71条▶帝国議会において予算を議定せず，または予算成立に至らざるときは，政府は前年度の予算を施行すべし。

第72条▶国家の歳出歳入の決算は，会計検査院これを検査確定し，政府は，その検査報告とともにこれを帝国議会に提出すべし。
②会計検査院の組織および職権は，法律をもってこれを定む。
⇔日本国憲法90条

❖第7章　補則

第73条▶将来この憲法の条項を改正するの必要あるときは，勅命をもって議案を帝国議会の議に付すべし。
②この場合において，両議院は，各々その総員3分の2以上出席するにあらざれば議事を開くことを得ず。出席議員3分の2以上の多数を得るにあらざれば改正の議決をなすことを得ず。
⇔日本国憲法96条

第74条▶皇室典範の改正は，帝国議会の議を経るを要せず。
②皇室典範をもって，この憲法の条規を変更することを得ず。

第75条▶憲法および皇室典範は，摂政を置くの間，これを変更することを得ず。

第76条▶法律，規則，命令または何らの名称を用いたるにかかわらず，この憲法に矛盾せざる現行の法令は，すべて遵由(じゅんゆう)の効力を有す。
②歳出上政府の義務に係る現在の契約または命令は，すべて67条の例による。

⇔日本国憲法98・99条

日本国憲法と明治憲法の比較

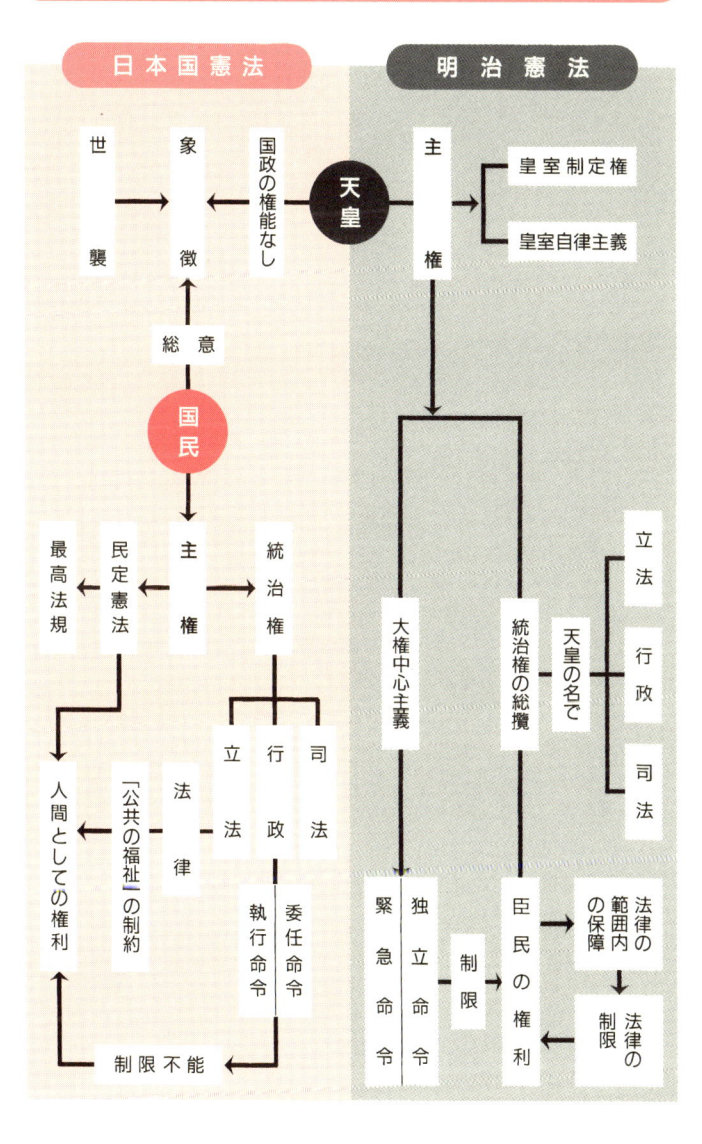

日本国憲法

天皇 — 国政の権能なし → 象徴 ← 世襲
象徴 ← 総意 ← 国民

国民 → 主権
- 統治権
  - 司法
  - 行政 — 委任命令・執行命令
  - 立法 — 法律
- 民定憲法 → 最高法規
- 「公共の福祉」の制約 → 人間としての権利
- 制限不能

明治憲法

天皇 — 主権
- 皇室制定権
- 皇室自律主義

主権
- 大権中心主義 → 緊急命令・独立命令
- 統治権の総攬 → 天皇の名で
  - 立法
  - 行政
  - 司法
- 制限 → 臣民の権利
  - 法律の範囲内の保障 → 法律の制限

権力分立（三権分立）

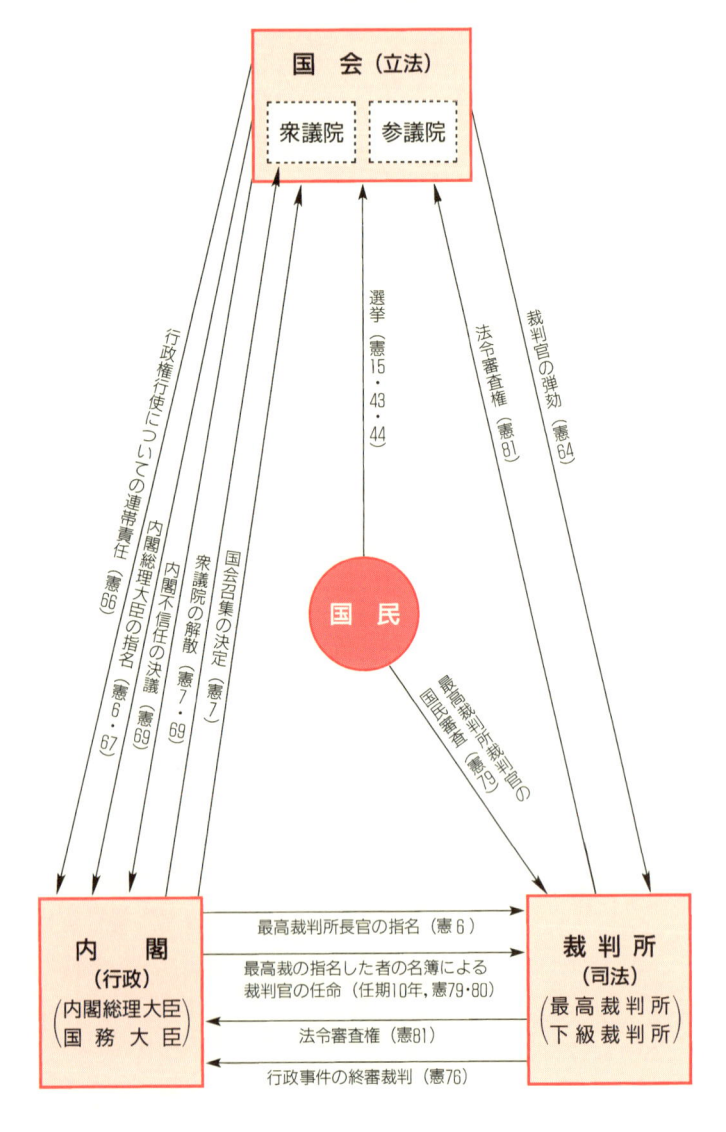

国 会（立法）
- 衆議院
- 参議院

内 閣（行政）
（内閣総理大臣）
（国務大臣）

裁 判 所（司法）
（最高裁判所）
（下級裁判所）

国民

国会 → 内閣：
- 行政権行使についての連帯責任（憲66）
- 内閣総理大臣の指名（憲6・67）
- 内閣不信任の決議（憲69）

内閣 → 国会：
- 衆議院の解散（憲7・69）
- 国会召集の決定（憲7）

国民 → 国会：選挙（憲15・43・44）

国会 → 裁判所：裁判官の弾劾（憲64）

裁判所 → 国会：法令審査権（憲81）

国民 → 裁判所：最高裁判所裁判官の国民審査（憲79）

内閣 → 裁判所：
- 最高裁判所長官の指名（憲6）
- 最高裁の指名した者の名簿による裁判官の任命（任期10年, 憲79・80）

裁判所 → 内閣：
- 法令審査権（憲81）
- 行政事件の終審裁判（憲76）

人の一生と権利

	胎　児	▷相続・遺贈・不法行為による損害賠償の請求 ⇨生まれたものとみなす
	0 歳	出生
	14 歳	▷罪を犯すと刑事上の責任を負わなければならない
	16 歳	▷女性は親の承諾を得て結婚することができる ▷2輪・原付免許が取れる
	18 歳	▷男性は親の承諾を得て結婚することができる ▷普通免許が取れる
	20 歳	▷選挙権が与えられる ▷酒・タバコが許される
	25 歳	▷衆議院議員・都道府県議会などの選挙に出馬できる
	30 歳	▷参議院議員・都道府県知事の選挙に出馬できる

法の系統樹

社会法
- 健康保険法
- 労働組合法

行政法
- 都市計画法
- 公害対策基本法
- 内閣法
- 裁判所法
- 国会法
- 皇室典範

民事法
- 民法　民事訴訟法
- 商法　会社法
- 手形法
- 小切手法
- 特許法

経済法
- 独占禁止法
- 銀行法
- 外為法

刑事法
- 刑事訴訟法
- 刑法
- 破壊活動防止法

日本国憲法

法の段階

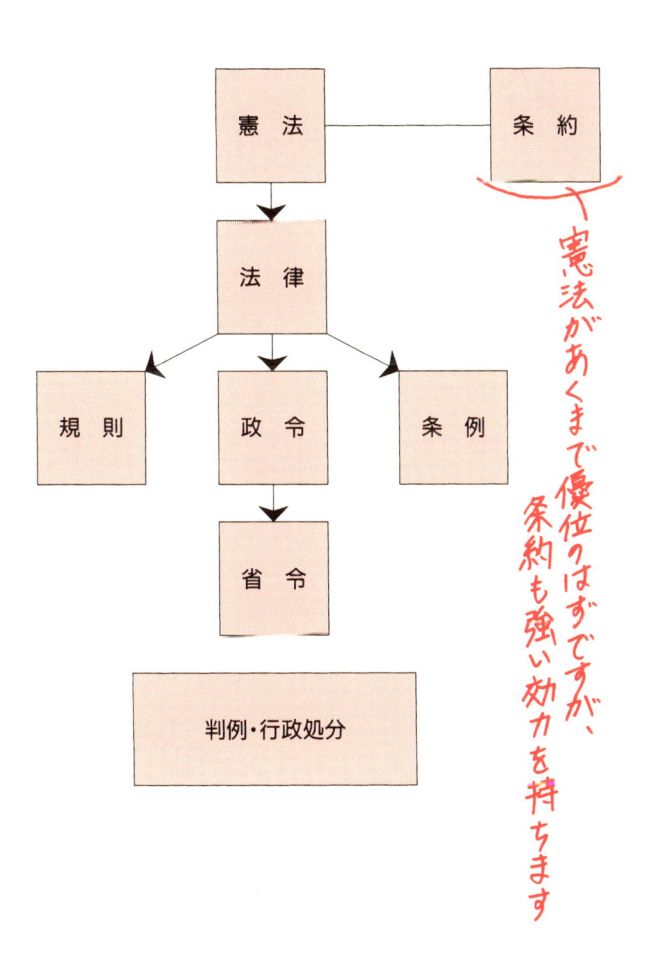

```
        憲 法 ——————— 条 約
          ↓
        法 律
       ↙  ↓  ↘
   規 則  政 令  条 例
          ↓
        省 令

      判例・行政処分
```

憲法があくまで優位のはずですが、条約も強い効力を持ちます

定足数

●通常議決●

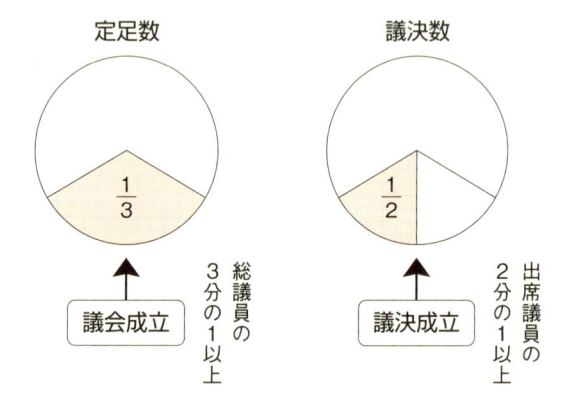

定足数

$\dfrac{1}{3}$

← 議会成立

総議員の3分の1以上

議決数

$\dfrac{1}{2}$

← 議決成立

出席議員の2分の1以上

●特別の場合●

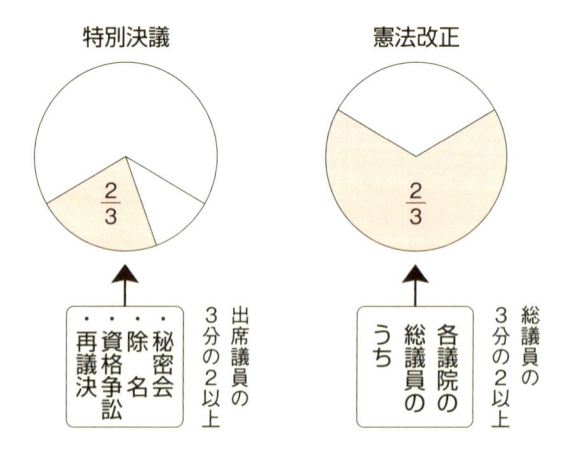

特別決議

$\dfrac{2}{3}$

← 再議決・資格争訟・除名・秘密会

出席議員の3分の2以上

憲法改正

$\dfrac{2}{3}$

← 各議院の総議員のうち

総議員の3分の2以上

憲法条文の難読語

難読語	読み方
員数	いんすう
官吏	かんり
希求	ききゅう
享有	きょうゆう
恵沢	けいたく
検閲	けんえつ
皇室典範	こうしつてんぱん
拘禁	こうきん
惨禍	さんか
時宜	じぎ
子女	しじょ
遵守	じゅんしゅ
賜与	しよ
詔勅	しょうちょく
掌理	しょうり
接受	せつじゅ
摂政	せっしょう
争訟	そうしょう
訴追	そつい
大赦	たいしゃ
弾劾	だんがい
懲戒	ちょうかい
特赦	とくしゃ
頒布	はんぷ
批准書	ひじゅんしょ
罷免	ひめん
擁護	ようご
抑留	よくりゅう
予見し難い	よけんしがたい
吏員	りいん
隷従	れいじゅう

日本国憲法

▷より理解しやすいよう，適宜現代かなづかい等に書きかえてあります。

前文

　日本国民は，正当に選挙された国会における代表者を通じて行動し，われらとわれらの子孫のために，諸国民との協和による成果と，わが国全土にわたって自由のもたらす恵沢（けいたく）を確保し，政府の行為によって再び戦争の惨禍が起ることのないようにすることを決意し，ここに主権が国民に存することを宣言し，この憲法を確定する。そもそも国政は，国民の厳粛な信託によるものであって，その権威は国民に由来し，その権力は国民の代表者がこれを行使し，その福利は国民がこれを享受する。これは人類普遍の原理であり，この憲法は，かかる原理に基づくものである。われらは，これに反する一切の憲法，法令および詔勅（しょうちょく）を排除する。

　日本国民は，恒久（こうきゅう）の平和を念願し，人間相互の関係を支配する崇高な理想を深く自覚するのであって，平和を愛する諸国民の公正と信義に信頼して，われらの安全と生存を保持しようと決意した。われらは，平和を維持し，専制と隷従（れいじゅう），圧迫と偏狭（へんきょう）を地上から永遠に除去しようと努めている国際社会において，名誉ある地位を占めたいと思う。われらは，全世界の国民が，ひとしく恐怖と欠乏から免かれ，平和のうちに生存する権利を有することを確認する。

　われらは，いずれの国家も，自国のことのみに専念して他国を無視してはならないのであって，政治道徳の法則は，普遍的なものであり，この法則に従うことは，自国の主権を維持し，他国と対等関係に立とうとする各国の責務であると信ずる。

　日本国民は，国家の名誉にかけ，全力をあげてこの崇高な理想と目的を達成することを誓う。

第1章　天皇

第1条▶天皇は，日本国の象徴であり日本国民統合の象徴であって，この

The Constitution of Japan

Preamble

We, the Japanese people, acting through our duly elected representatives in the National Diet, determined that we shall secure for ourselves and our posterity the fruits of peaceful cooperation with all nations and the blessings of liberty throughout this land, and resolved that never again shall we be visited with the horrors of war through the action of government, do proclaim that sovereign power resides with the people and do firmly establish this Constitution. Government is a sacred trust of the people, the authority for which is derived from the people, the powers of which are exercised by the representatives of the people, and the benefits of which are enjoyed by the people. This is a universal principle of mankind upon which this Constitution is founded. We reject and revoke all constitutions, laws, ordinances, and rescripts in conflict herewith.

We, the Japanese people, desire peace for all time and are deeply conscious of the high ideals controlling human relationship, and we have determined to preserve our security and existence, trusting in the justice and faith of the peace-loving peoples of the world. We desire to occupy an honored place in an international society striving for the preservation of peace, and the banishment of tyranny and slavery, oppression and intolerance for all time from the earth. We recognize that all peoples of the world have the right to live in peace, free from fear and want.

We believe that no nation is responsible to itself alone, but that laws of political morality are universal; and that obedience to such laws is incumbent upon all nations who would sustain their own sovereignty and justify their sovereign relationship with other nations.

We, the Japanese people, pledge our national honor to accomplish these high ideals and purposes with all our resources.

Chapter 1 : THE EMPEROR

Article 1 ▶ The Emperor shall be the symbol of the State and of the

地位は，主権の存する日本国民の総意に基づく。

第2条▶皇位は，世襲のものであって，国会の議決した皇室典範(こうしつてんぱん)の定めるところにより，これを継承する。
第3条▶天皇の国事に関するすべての行為には，内閣の助言と承認を必要とし，内閣が，その責任を負う。

第4条▶天皇は，この憲法の定める国事に関する行為のみを行い，国政に関する権能を有しない。

❷天皇は，法律の定めるところにより，その国事に関する行為を委任することができる。
第5条▶皇室典範の定めるところにより摂政(せっしょう)を置くときは，摂政は，天皇の名でその国事に関する行為を行う。この場合には，前条第1項の規定を準用する。

第6条▶天皇は，国会の指名に基づいて，内閣総理大臣を任命する。

❷天皇は，内閣の指名に基づいて，最高裁判所の長たる裁判官を任命する。

第7条▶天皇は，内閣の助言と承認により，国民のために，左の国事に関する行為を行う。

1　憲法改正，法律，政令および条約を公布すること。

2　国会を召集すること。
3　衆議院を解散すること。
4　国会議員の総選挙の施行を公示すること。
5　国務大臣および法律の定めるその他の官吏の任免並びに全権委任状および大使および公使の信任状を認証すること。

6　大赦，特赦，減刑，刑の執行の免除および復権を認証すること。

7　栄典を授与すること。
8　批准書および法律の定めるその他の外交文書を認証すること。

9　外国の大使および公使を接受すること。

unity of the people, deriving his position from the will of the people with whom resides sovereign power.

Article 2▶The Imperial Throne shall be dynastic and succeeded to in accordance with the Imperial House Law passed by the Diet.

Article 3▶The advice and approval of the Cabinet shall be required for all acts of the Emperor in matters of state, and the Cabinet shall be responsible therefor.

Article 4▶1) The Emperor shall perform only such acts in matters of state as are provided for in this Constitution and he shall not have powers related to government.

2) The Emperor may delegate the performance of his acts in matters of state as may be provided by law.

Article 5▶When, in accordance with the Imperial House Law, a Regency is established, the Regent shall perform his acts in matters of state in the Emperor's name. In this case, paragraph one of the preceding article will be applicable.

Article 6▶1) The Emperor shall appoint the Prime Minister as designated by the Diet.

2) The Emperor shall appoint the Chief Judge of the Supreme Court as designated by the Cabinet.

Article 7▶The Emperor, with the advice and approval of the Cabinet, shall perform the following acts in matters of state on behalf of the p eople :

(1) Promulgation of amendments of the constitution, laws, cabinet orders and treaties.

(2) Convocation of the Diet.

(3) Dissolution of the House of Representatives.

(4) Proclamation of general election of members of the Diet.

(5) Attestation of the appointment and dismissal of Ministers of State and other officials as provided for by law, and of full powers and credentials of Ambassadors and Ministers.

(6) Attestation of general and special amnesty, commutation of punishment, reprieve, and restoration of rights.

(7) Awarding of honors.

(8) Attestation of instruments of ratification and other diplomatic documents as provided for by law.

(9) Receiving foreign ambassadors and ministers.

10　儀式を行うこと。
第8条▶皇室に財産を譲り渡し，または皇室が，財産を譲り受け，もしくは賜与することは，国会の議決に基づかなければならない。

第2章　戦争の放棄

第9条▶日本国民は，正義と秩序を基調とする国際平和を誠実に希求(ききゅう)し，国権の発動(はつどう)たる戦争と，武力による威嚇(いかく)または武力の行使は，国際紛争を解決する手段としては，永久にこれを放棄する。

❷前項の目的を達するため，陸海空軍その他の戦力は，これを保持しない。国の交戦権は，これを認めない。

第3章　国民の権利および義務

第10条▶日本国民たる要件は，法律でこれを定める。

第11条▶国民は，すべての基本的人権の享有(きょうゆう)を妨げられない。この憲法が国民に保障する基本的人権は，侵すことのできない永久の権利として，現在および将来の国民に与えられる。

第12条▶この憲法が国民に保障する自由および権利は，国民の不断の努力によって，これを保持しなければならない。また，国民は，これを濫用してはならないのであって，常に公共の福祉のためにこれを利用する責任を負う。

第13条▶すべて国民は，個人として尊重される。生命，自由および幸福追求に対する国民の権利については，公共の福祉に反しない限り，立法その他の国政の上で，最大の尊重を必要とする。

第14条▶すべて国民は，法の下に平等であって，人種，信条，性別，社会的身分または門地により，政治的，経済的または社会的関係において，差別されない。
❷華族その他の貴族の制度は，これを認めない。
❸栄誉，勲章その他の栄典の授与は，いかなる特権も伴わない。栄典の授与は，現にこれを有し，または将来これを受ける者の一代に限り，その効力を有する。
第15条▶公務員を選定し，およびこれを罷免することは，国民固有の権

⑽ Performance of ceremonial functions.

Article 8▶No property can be given to, or received by, the Imperial House, nor can any gifts be made therefrom, without the authorization of the Diet.

Chapter 2：RENUNCIATION OF WAR

Article 9▶1) Aspiring sincerely to an international peace based on justice and order, the Japanese people forever renounce war as a sovereign right of the nation and the threat or use of force as means of settling international disputes.

2) In order to accomplish the aim of the preceding paragraph, land, sea, and air forces, as well as other war potential, will never be maintained. The right of belligerency of the state will not be recognized.

Chapter 3：RIGHTS AND DUTIES OF THE PEOPLE

Article 10▶The conditions necessary for being a Japanese national shall be determined by law.

Article 11▶The people shall not be prevented from enjoying any of the fundamental human rights. These fundamental human rights guaranteed to the people by this Constitution shall be conferred upon the people of this and future generations as eternal and inviolate rights.

Article 12▶The freedoms and rights guaranteed to the people by this Constitution shall be maintained by the constant endeavor of the people, who shall refrain from any abuse of these freedoms and rights and shall always be responsible for utilizing them for the public welfare.

Article 13▶All of the people shall be respected as individuals. Their right to life, liberty, and the pursuit of happiness shall, to the extent that it does not interfere with the public welfare, be the supreme consideration in legislation and in other governmental affairs.

Article 14▶1) All of the people are equal under the law and there shall be no discrimination in political, economic or social relations because of race, creed, sex, social status or family origin.

2) Peers and peerage shall not be recognized.

3) No privilege shall accompany any award of honor, decoration or any distinction, nor shall any such award be valid beyond the lifetime of the individual who now holds or hereafter may receive it.

Article 15▶1) The people have the inalienable right to choose their

利である。
❷すべて公務員は，全体の奉仕者であって，一部の奉仕者ではない。

❸公務員の選挙については，成年者による普通選挙を保障する。

❹すべて選挙における投票の秘密は，これを侵してはならない。選挙人は，その選択に関し公的にも私的にも責任を問われない。

第16条▶何人も，損害の救済，公務員の罷免（ひめん），法律，命令または規則の制定，廃止または改正その他の事項に関し，平穏に請願する権利を有し，何人も，かかる請願をしたためにいかなる差別待遇も受けない。

第17条▶何人も，公務員の不法行為により，損害を受けたときは，法律の定めるところにより，国または公共団体に，その賠償を求めることができる。
第18条▶何人も，いかなる奴隷的拘束も受けない。また，犯罪による処罰の場合を除いては，その意に反する苦役に服させられない。
第19条▶思想および良心の自由は，これを侵してはならない。
第20条▶信教の自由は，何人に対してもこれを保障する。いかなる宗教団体も，国から特権を受け，または政治上の権力を行使してはならない。

❷何人も，宗教上の行為，祝典，儀式または行事に参加することを強制されない。
❸国およびその機関は，宗教教育その他いかなる宗教的活動もしてはならない。
第21条▶集会，結社および言論，出版その他一切の表現の自由は，これを保障する。
❷検閲は，これをしてはならない。通信の秘密は，これを侵してはならない。
第22条▶何人も，公共の福祉に反しない限り，居住，移転および職業選択の自由を有する。

❷何人も，外国に移住し，または国籍を離脱する自由を侵されない。

第23条▶学問の自由は，これを保障する。
第24条▶婚姻は，両性の合意のみに基づいて成立し，夫婦が同等の権利

public officials and to dismiss them.

2) All public officials are servants of the whole community and not of any group thereof.

3) Universal adult suffrage is guaranteed with regard to the election of public officials.

4) In all elections, secrecy of the ballot shall not be violated. A voter shall not be answerable, publicly or privately, for the choice he has made.

Article 16▶ Every person shall have the right of peaceful petition for the redress of damage, for the removal of public officials, for the enactment, repeal or amendment of laws, ordinances or regulations and for other matters; nor shall any person be in any way discriminated against for sponsoring such a petition.

Article 17▶ Every person may sue for redress as provided by law from the State or a public entity, in case he has suffered damage through illegal act of any public official.

Article 18▶ No person shall be held in bondage of any kind. Involuntary servitude, except as punishment for crime, is prohibited.

Article 19▶ Freedom of thought and conscience shall not be violated.

Article 20▶ 1) Freedom of religion is guaranteed to all. No religious organization shall receive any privileges from the State, nor exercise any political authority.

2) No person shall be compelled to take part in any religious act, celebration, rite or practice.

3) The State and its organs shall refrain from religious education or any other religious activity.

Article 21▶ 1) Freedom of assembly and association as well as speech, press and all other forms of expression are guaranteed.

2) No censorship shall be maintained, nor shall the secrecy of any means of communication be violated.

Article 22▶ 1) Every person shall have freedom to choose and change his residence and to choose his occupation to the extent that it does not interfere with the public welfare.

2) Freedom of all persons to move to a foreign country and divest themselves of thier nationality shall be involate.

Article 23▶ Academic freedom is guaranteed.

Article 24▶ 1) Marriage shall be based only on the mutual consent of

を有することを基本として，相互の協力により，維持されなければならない。
❷配偶者の選択，財産権，相続，住居の選定，離婚並びに婚姻および家族に関するその他の事項に関しては，法律は，個人の尊厳と両性の本質的平等に立脚して，制定されなければならない。

第25条▶すべて国民は，健康で文化的な最低限度の生活を営む権利を有する。
❷国は，すべての生活部面について，社会福祉，社会保障および公衆衛生の向上および増進に努めなければならない。
第26条▶すべて国民は，法律の定めるところにより，その能力に応じて，ひとしく教育を受ける権利を有する。
❷すべて国民は，法律の定めるところにより，その保護する子女に普通教育を受けさせる義務を負う。義務教育は，これを無償とする。

第27条▶すべて国民は，勤労の権利を有し，義務を負う。

❷賃金，就業時間，休息その他の勤労条件に関する基準は，法律でこれを定める。
❸児童は，これを酷使してはならない。
第28条▶勤労者の団結する権利および団体交渉その他の団体行動をする権利は，これを保障する。
第29条▶財産権は，これを侵してはならない。
❷財産権の内容は，公共の福祉に適合するように，法律でこれを定める。

❸私有財産は，正当な補償の下に，これを公共のために用いることができる。
第30条▶国民は，法律の定めるところにより，納税の義務を負う。
第31条▶何人も，法律の定める手続によらなければ，その生命もしくは自由を奪われ，またはその他の刑罰を科せられない。

第32条▶何人も，裁判所において裁判を受ける権利を奪われない。
第33条▶何人も，現行犯として逮捕される場合を除いては，権限を有する司法官憲が発し，かつ理由となっている犯罪を明示する令状によらなければ，逮捕されない。

第34条▶何人も，理由をただちに告げられ，かつ，ただちに弁護人に依

both sexes and it shall be maintained through mutual cooperation with the equal rights of husband and wife as a basis.

2) With regard to choice of spouse, property rights, inheritance, choice of domicile, divorce and other matters pertaining to marriage and the family, laws shall be enacted from the standpoint of individual dignity and the essential equality of the sexes.

Article 25▶1) All people shall have the right to maintain the minimum standards of wholesome and cultured living.

2) In all spheres of life, the State shall use its endeavors for the promotion and extension of social welfare and security, and of public health.

Article 26▶1) All people shall have the right to receive an equal education correspondent to their ability, as provided by law.

2) All people shall be obligated to have all boys and girls under their protection receive ordinary education as provided for by law. Such compulsory education shall be free.

Article 27▶1) All people shall have the right and the obligation to work.

2) Standards for wages, hours, rest and other working conditions shall be fixed by law.

3) Children shall not be exploited.

Article 28▶The right of workers to organize and to bargain and act collectively is guaranteed.

Article 29▶1) The right to own or to hold property is inviolable.

2) Property rights shall be defined by law, in conformity with the public welfare.

3) Private property may be taken for public use upon just compensation therefor.

Article 30▶The people shall be liable to taxation as provided by law.

Article 31▶No person shall be deprived of life or liberty, nor shall any other criminal penalty be imposed, except according to procedure established by law.

Article 32▶No person shall be denied the right of access to the courts.

Article 33▶No person shall be apprehended except upon warrant issued by a competent judicial officer which specifies the offense with which the person is charged, unless he is apprehended, the offense being committed.

Article 34▶No person shall be arrested or detained without being at

頼する権利を与えられなければ、抑留または拘禁されない。また、何人も、正当な理由がなければ、拘禁されず、要求があれば、その理由は、ただちに本人およびその弁護人の出席する公開の法廷で示されなければならない。

第35条▶何人も、その住居、書類および所持品について、侵入、捜索および押収を受けることのない権利は、第33条の場合を除いては、正当な理由に基づいて発せられ、かつ捜索する場所および押収する物を明示する令状がなければ、侵されない。

❷捜索または押収は、権限を有する司法官憲が発する各別の令状により、これを行う。

第36条▶公務員による拷問および残虐な刑罰は、絶対にこれを禁ずる。

第37条▶すべて刑事事件においては、被告人は、公平な裁判所の迅速な公開裁判を受ける権利を有する。

❷刑事被告人は、すべての証人に対して審問する機会を充分に与えられ、また、公費で自己のために強制的手続により証人を求める権利を有する。

❸刑事被告人は、いかなる場合にも、資格を有する弁護人を依頼することができる。被告人が自らこれを依頼することができないときは、国でこれを附する。

第38条▶何人も、自己に不利益な供述を強要されない。

❷強制、拷問もしくは脅迫による自白または不当に長く抑留もしくは拘禁された後の自白は、これを証拠とすることができない。

❸何人も、自己に不利益な唯一の証拠が本人の自白である場合には、有罪とされ、または刑罰を科せられない。

第39条▶何人も、実行の時に適法であった行為またはすでに無罪とされた行為については、刑事上の責任を問われない。また、同一の犯罪について、重ねて刑事上の責任を問われない。

第40条▶何人も、抑留または拘禁された後、無罪の裁判を受けたときは、法律の定めるところにより、国にその補償を求めることができる。

第4章　国会

第41条▶国会は、国権の最高機関であって、国の唯一の立法機関である。

第42条▶国会は、衆議院および参議院の両議院でこれを構成する。

once informed of the charges against him or without the immediate privilege of counsel; nor shall he be detained without adequate cause; and upon demand of any person such cause must be immediately shown in open court in his presence and the presence of his counsel.

Article 35 ▶ 1) The right of all persons to be secure in their homes, papers and effects against entries, searches and seizures shall not be impaired except upon warrant issued for adequate cause and particularly describing the place to be searched and things to be seized, or except as provided by Article 33.

2) Each search or seizure shall be made upon separate warrant issued by a competent judicial officer.

Article 36 ▶ The infliction of torture by any public officer and cruel punishments are absolutely forbidden.

Article 37 ▶ 1) In all criminal cases the accused shall enjoy the right to a speedy and public trial by an impartial tribunal.

2) He shall be permitted full opportunity to examine all witnesses, and he shall have the right of compulsory process for obtaining witnesses on his behalf at public expense.

3) At all times the accused shall have the assistance of competent counsel who shall, if the accused is unable to secure the same by his own efforts, be assigned to his use by the State.

Article 38 ▶ 1) No person shall be compelled to testify against himself.

2) Confession made under compulsion, torture or threat, or after prolonged arrest or detention shall not be admitted in evidence.

3) No person shall be convicted or punished in cases where the only proof against him is his own confession.

Article 39 ▶ No person shall be held criminally liable for an act which was lawful at the time it was committed, or of which he has been acquitted, nor shall he be placed in double jeopardy.

Article 40 ▶ Any person, in case he is acquitted after he has been arrested or detained, may sue the State for redress as provided by law.

Chapter 4：THE DIET

Article 41 ▶ The Diet shall be the highest organ of state power, and shall be the sole law-making organ of the State.

Article 42 ▶ The Diet shall consist of two Houses, namely the House of Representatives and the House of Councillors.

第 43 条▶両議院は，全国民を代表する選挙された議員でこれを組織する。

❷両議院の議員の定数は，法律でこれを定める。
第 44 条▶両議院の議員およびその選挙人の資格は，法律でこれを定める。ただし，人種，信条，性別，社会的身分，門地，教育，財産または収入によって差別してはならない。

第 45 条▶衆議院議員の任期は，4 年とする。ただし，衆議院解散の場合には，その期間満了前に終了する。

第 46 条▶参議院議員の任期は，6 年とし，3 年ごとに議員の半数を改選する。

第 47 条▶選挙区，投票の方法その他両議院の議員の選挙に関する事項は，法律でこれを定める。

第 48 条▶何人も，同時に両議院の議員たることはできない。

第 49 条▶両議院の議員は，法律の定めるところにより，国庫から相当額の歳費を受ける。
第 50 条▶両議院の議員は，法律の定める場合を除いては，国会の会期中逮捕されず，会期前に逮捕された議員は，その議院の要求があれば，会期中これを釈放しなければならない。

第 51 条▶両議院の議員は，議院で行った演説，討論または表決について，院外で責任を問われない。
第 52 条▶国会の常会は，毎年 1 回これを召集する。

第 53 条▶内閣は，国会の臨時会の召集を決定することができる。いずれかの議院の総議員の 4 分の 1 以上の要求があれば，内閣は，その召集を決定しなければならない。

第 54 条▶衆議院が解散されたときは，解散の日から 40 日以内に，衆議院議員の総選挙を行い，その選挙の日から 30 日以内に，国会を召集しなければならない。

Article 43▶ 1) Both Houses shall consist of elected members, representative of all the people.

2) The number of the members of each House shall be fixed by law.

Article 44▶ The qualifications of members of both Houses and their electors shall be fixed by law. However, there shall be no discrimination because of race, creed, sex, social status, family origin, education, property or income.

Article 45▶ The term of office of members of the House of Representatives shall be four years. However, the term shall be terminated before the full term is up in case the House of Representatives is dissolved.

Article 46▶ The term of office of members of the House of Councillors shall be six years, and election for half the members shall take place every three years.

Article 47▶ Electoral districts, method of voting and other matters pertaining to the method of election of members of both Houses shall be fixed by law.

Article 48▶ No person shall be permitted to be a member of both Houses simultaneously.

Article 49▶ Members of both Houses shall receive appropriate annual payment from the national treasury in accordance with law.

Article 50▶ Except in cases provided by law, members of both Houses shall be exempt from apprehension while the Diet is in session, and any members apprehended before the opening of the session shall be freed during the term of the session upon demand of the House.

Article 51▶ Members of both Houses shall not be held liable outside the House for speeches, debates or votes cast inside the House.

Article 52▶ An ordinary session of the Diet shall be convoked once per year.

Article 53▶ The Cabinet may determine to convoke extraordinary sessions of the Diet. When a quarter or more of the total members of either House makes the demand, the Cabinet must determine on such convocation.

Article 54▶ 1) When the House of Representatives is dissolved, there must be a general election of members of the House of Representatives within forty (40) days from the date of dissolution, and the Diet must be convoked within thirty (30) days from the date of the election.

❷衆議院が解散されたときは、参議院は、同時に閉会となる。ただし、内閣は、国に緊急の必要があるときは、参議院の緊急集会を求めることができる。

❸前項ただし書きの緊急集会において採られた措置は、臨時のものであって、次の国会開会の後10日以内に、衆議院の同意がない場合には、その効力を失う。

第55条▶両議院は、各々その議員の資格に関する争訟(そうしょう)を裁判する。ただし、議員の議席を失わせるには、出席議員の3分の2以上の多数による議決を必要とする。

第56条▶両議院は、各々その総議員の3分の1以上の出席がなければ、議事を開き議決することができない。
❷両議院の議事は、この憲法に特別の定めのある場合を除いては、出席議員の過半数でこれを決し、可否同数のときは、議長の決するところによる。

第57条▶両議院の会議は、公開とする。ただし、出席議員の3分の2以上の多数で議決したときは、秘密会を開くことができる。

❷両議院は、各々その会議の記録を保存し、秘密会の記録の中で特に秘密を要すると認められるもの以外は、これを公表し、かつ一般に頒布(はんぷ)しなければならない。
❸出席議員の5分の1以上の要求があれば、各議員の表決は、これを会議録に記載しなければならない。
第58条▶両議院は、各々その議長その他の役員を選任する。

❷両議院は、各々その会議その他の手続および内部の規律に関する規則を定め、また、院内の秩序をみだした議員を懲罰することができる。ただし、議員を除名するには、出席議員の3分の2以上の多数による議決を必要とする。

第59条▶法律案は、この憲法に特別の定めのある場合を除いては、両議院で可決したとき法律となる。
❷衆議院で可決し、参議院でこれと異なった議決をした法律案は、衆議院で出席議員の3分の2以上の多数で再び可決したときは、法律となる。

2) When the House of Representatives is dissolved, the House of Councillors is closed at the same time. However, the Cabinet may in time of national emergency convoke the House of Councillors in emergency session.

3) Measures taken at such session as mentioned in the proviso of the preceding paragraph shall be provisional and shall become null and void unless agreed to by the House of Representatives within a period of ten (10) days after the opening of the next session of the Diet.

Article 55▶ Each House shall judge disputes related to qualifications of its members. However, in order to deny a seat to any member, it is necessary to pass a resolution by a majority of two-thirds or more of the members present.

Article 56▶ 1) Business cannot be transacted in either House unless one-third or more of total membership is present.

2) All matters shall be decided, in each House, by a majority of those present, except as elsewhere provided in the Constitution, and in case of a tie, the presiding officer shall decide the issue.

Article 57▶ 1) Deliberation in each House shall be public. However, a secret meeting may be held where a majority of two-thirds or more of those members present passes a resolution therefor.

2) Each House shall keep a record of proceedings. This record shall be published and given general circulation, excepting such parts of proceedings of secret session as may be deemed to require secrecy.

3) Upon demand of one-fifth or more of the members present, votes of the members on any matter shall be recorded in the minutes.

Article 58▶ 1) Each House shall select its own president and other officials.

2) Each House shall establish its rules pertaining to meetings, proceedings and internal discipline, and may punish members for disorderly conduct. However, in order to expel a member, a majority of two-thirds or more of those members present must pass a resolution thereon.

Article 59▶ 1) A bill becomes a law on passage by both Houses, except as otherwise provided by the Constitution.

2) A bill which is passed by the House of Representatives, and upon which the House of Councillors makes a decision different from that of the House of Representatives, becomes a law when passed a second

❸前項の規定は，法律の定めるところにより，衆議院が，両議院の協議会を開くことを求めることを妨げない。

❹参議院が，衆議院の可決した法律案を受け取った後，国会休会中の期間を除いて60日以内に，議決しないときは，衆議院は，参議院がその法律案を否決したものとみなすことができる。

第60条▶予算は，さきに衆議院に提出しなければならない。

❷予算について，参議院で衆議院と異なった議決をした場合に，法律の定めるところにより，両議院の協議会を開いても意見が一致しないとき，または参議院が，衆議院の可決した予算を受け取った後，国会休会中の期間を除いて30日以内に，議決しないときは，衆議院の議決を国会の議決とする。

第61条▶条約の締結に必要な国会の承認については，前条第2項の規定を準用する。
第62条▶両議院は，各々国政に関する調査を行い，これに関して，証人の出頭および証言ならびに記録の提出を要求することができる。

第63条▶内閣総理大臣その他の国務大臣は，両議院の一に議席を有すると有しないとにかかわらず，何時でも議案について発言するため議院に出席することができる。また，答弁または説明のため出席を求められたときは，出席しなければならない。

第64条▶国会は，罷免の訴追を受けた裁判官を裁判するため，両議院の議員で組織する弾劾裁判所を設ける。

❷弾劾に関する事項は，法律でこれを定める。

第5章　内閣
第65条▶行政権は，内閣に属する。

time by the House of Representatives by a majority of two-thirds or more of the members present.

3) The provision of the preceding paragraph does not preclude the House of Representatives from calling for the meeting of a joint committee of both Houses, provided for by law.

4) Failure by the House of Councillors to take final action within sixty (60) days after receipt of a bill passed by the House of Representatives, time in recess excepted, may be determined by the House of Representatives to constitute a rejection of the said bill by the House of Councillors.

Article 60▶1) The budget must first be submitted to the House of Representatives.

2) Upon consideration of the budget, when the House of Councillors makes a decision different from that of the House of Representatives, and when no agreement can be reached even through a joint committee of both Houses, provided for by law, or in the case of failure by the House of Councillors to take final action within thirty (30) days, the period of recess excluded, after the receipt of the budget passed by the House of Representatives, the decision of the House of Representatives shall be the decision of the Diet.

Article 61▶The second paragraph of the preceding article applies also to the Diet approval required for the conclusion of treaties.

Article 62▶Each House may conduct investigations in relation to government, and may demand the presence and testimony of witnesses, and the production of records

Article 63▶The Prime Minister and other Ministers of State may, at any time, appear in either House for the purpose of speaking on bills, regardless of whether they are members of the House or not. They must appear when their presence is required in order to give answers or explanations.

Article 64▶1) The Diet shall set up an impeachment court from among the members of both Houses for the purpose of trying those judges against whom removal proceedings have been instituted.

2) Matters relating to impeachment shall be provided by law.

Chapter 5 : THE CABINET

Article 65▶Executive power shall be vested in the Cabinet.

第66条▶内閣は，法律の定めるところにより，その首長たる内閣総理大臣およびその他の国務大臣でこれを組織する。
❷内閣総理大臣その他の国務大臣は，文民でなければならない。
❸内閣は，行政権の行使について，国会に対し連帯して責任を負う。

第67条▶内閣総理大臣は，国会議員の中から国会の議決で，これを指名する。この指名は，他のすべての案件に先だって，これを行う。

❷衆議院と参議院とが異なった指名の議決をした場合に，法律の定めるところにより，両議院の協議会を開いても意見が一致しないとき，または衆議院が指名の議決をした後，国会休会中の期間を除いて10日以内に，参議院が，指名の議決をしないときは，衆議院の議決を国会の議決とする。

第68条▶内閣総理大臣は，国務大臣を任命する。ただし，その過半数は，国会議員の中から選ばれなければならない。

❷内閣総理大臣は，任意に国務大臣を罷免することができる。

第69条▶内閣は，衆議院で不信任の決議案を可決し，または信任の決議案を否決したときは，10日以内に衆議院が解散されない限り，総辞職をしなければならない。

第70条▶内閣総理大臣が欠けたとき，または衆議院議員総選挙の後に初めて国会の召集があったときは，内閣は，総辞職をしなければならない。

第71条▶前2条の場合には，内閣は，あらたに内閣総理大臣が任命されるまで引き続きその職務を行う。

第72条▶内閣総理大臣は，内閣を代表して議案を国会に提出し，一般国務および外交関係について国会に報告し，並びに行政各部を指揮監督する。

第73条▶内閣は，他の一般行政事務の外，左の事務を行う。

Article 66▶1) The Cabinet shall consist of the Prime Minister, who shall be its head, and other Ministers of State, as provided for by law.

2) The Prime Minister and other Ministers of State must be civilians.

3) The Cabinet, in the exercise of executive power, shall be collectively responsible to the Diet.

Article 67▶1) The Prime Minister shall be designated from among the members of the Diet by a resolution of the Diet. This designation shall precede all other business.

2) If the House of Representatives and the House of Councillors disagree and if no agreement can be reached even through a joint committee of both Houses, provided for by law, or the House of Councillors fails to make designation within ten (10) days, exclusive of the period of recess, after the House of Representatives has made designation, the decision of the House of Representatives shall be the decision of the Diet.

Article 68▶1) The Prime Minister shall appoint the Ministers of State. However, a majority of their number must be chosen from among the members of the Diet.

2) The Prime Minister may remove the Ministers of State as he chooses.

Article 69▶If the House of Representatives passes a non-confidence resolution, or rejects a confidence resolution, the Cabinet shall resign en masse, unless the House of Representatives is dissolved within ten (10) days.

Article 70▶When there is a vacancy in the post of Prime Minister, or upon the first convocation of the Diet after a general election of members of the House of Representatives, the Cabinet shall resign en masse.

Article 71▶In the cases mentioned in the two preceding articles, the Cabinet shall continue its functions until the time when a new Prime Minister is appointed.

Article 72▶The Prime Minister, representing the Cabinet, submits bills, reports on general national affairs and foreign relations to the Diet and exercises control and supervision over various administrative branches.

Article 73▶The Cabinet, in addition to other general administrative functions, shall perform the following functions :

1 法律を誠実に執行し，国務を総理すること。
2 外交関係を処理すること。
3 条約を締結すること。ただし，事前に，時宜によっては事後に，国会の承認を経ることを必要とする。
4 法律の定める基準に従い，官吏に関する事務を掌理すること。

5 予算を作成して国会に提出すること。
6 この憲法および法律の規定を実施するために，政令を制定すること。ただし，政令には，特にその法律の委任がある場合を除いては，罰則を設けることができない。
7 大赦，特赦，減刑，刑の執行の免除および復権を決定すること。

第74条▶法律および政令には，すべて主任の国務大臣が署名し，内閣総理大臣が連署することを必要とする。
第75条▶国務大臣は，その在任中，内閣総理大臣の同意がなければ，訴追されない。ただし，これがため，訴追の権利は，害されない。

第6章　司法

第76条▶すべて司法権は，最高裁判所および法律の定めるところにより設置する下級裁判所に属する。
❷特別裁判所は，これを設置することができない。行政機関は，終審として裁判を行うことができない。
❸すべて裁判官は，その良心に従い独立してその職権を行い，この憲法および法律にのみ拘束される。
第77条▶最高裁判所は，訴訟に関する手続，弁護士，裁判所の内部規律および司法事務処理に関する事項について，規則を定める権限を有する。

❷検察官は，最高裁判所の定める規則に従わなければならない。

❸最高裁判所は，下級裁判所に関する規則を定める権限を，下級裁判所に委任することができる。
第78条▶裁判官は，裁判により，心身の故障のために職務を執ることができないと決定された場合を除いては，公の弾劾によらなければ罷免されない。裁判官の懲戒処分は，行政機関がこれを行うことはできない。

(1) Administer the law faithfully; conduct affairs of state.

(2) Manage foreign affairs.

(3) Conclude treaties. However, it shall obtain prior or, depending on circumstances, subsequent approval of the Diet.

(4) Administer the civil service, in accordance with standards established by law.

(5) Prepare the budget, and present it to the Diet.

(6) Enact cabinet orders in order to execute the provisions of this Constitution and of the law. However, it cannot include penal provisions in such cabinet orders unless authorized by such law.

(7) Decide on general amnesty, special amnesty, commutation of punishment, reprieve, and restoration of rights.

Article 74▶ All laws and cabinet orders shall be signed by the competent Minister of State and countersigned by the Prime Minister.

Article 75▶ The Ministers of State, during their tenure of office, shall not be subject to legal action without the consent of the Prime Minister. However, the right to take that action is not impaired hereby.

Chapter 6 : JUDICIARY

Article 76▶ 1) The whole judicial power is vested in a Supreme Court and in such inferior courts as are established by law.

2) No extraordinary tribunal shall be established, nor shall any organ or agency of the Executive be given final judicial power.

3) All judges shall be independent in the exercise of their conscience and shall be bound only by this Constitution and the laws.

Article 77▶ 1) The Supreme Court is vested with the rule-making power under which it determines the rules of procedure and of practice, and of matters relating to attorneys, the internal discipline of the courts and the administration of judicial affairs.

2) Public procurators shall be subject to the rule-making power of the Supreme Court.

3) The Supreme Court may delegate the power to make rules for inferior courts to such courts.

Article 78▶ Judges shall not be removed except by public impeachment unless judicially declared mentally or physically incompetent to perform official duties. No disciplinary action against judges shall be administered by any executive organ or agency.

第 79 条 ▶最高裁判所は，その長たる裁判官および法律の定める員数のその他の裁判官でこれを構成し，その長たる裁判官以外の裁判官は，内閣でこれを任命する。
❷最高裁判所の裁判官の任命は，その任命後初めて行われる衆議院議員総選挙の際国民の審査に付し，その後 10 年を経過した後初めて行われる衆議院議員総選挙の際更に審査に付し，その後も同様とする。

❸前項の場合において，投票者の多数が裁判官の罷免を可とするときは，その裁判官は，罷免される。
❹審査に関する事項は，法律でこれを定める。
❺最高裁判所の裁判官は，法律の定める年齢に達した時に退官する。

❻最高裁判所の裁判官は，すべて定期に相当額の報酬を受ける。この報酬は，在任中，これを減額することができない。

第 80 条 ▶下級裁判所の裁判官は，最高裁判所の指名した者の名簿によって，内閣でこれを任命する。その裁判官は，任期を 10 年とし，再任されることができる。ただし，法律の定める年齢に達した時には退官する。

❷下級裁判所の裁判官は，すべて定期に相当額の報酬を受ける。この報酬は，在任中，これを減額することができない。

第 81 条 ▶最高裁判所は，一切の法律，命令，規則または処分が憲法に適合するかしないかを決定する権限を有する終審裁判所である。

第 82 条 ▶裁判の対審および判決は，公開法廷でこれを行う。

❷裁判所が，裁判官の全員一致で，公の秩序または善良の風俗を害する虞があると決した場合には，対審は，公開しないでこれを行うことができる。ただし，政治犯罪，出版に関する犯罪またはこの憲法第 3 章で保障する国民の権利が問題となっている事件の対審は，常にこれを公開しなければならない。

Article 79▶1) The Supreme Court shall consist of a Chief Judge and such number of judges as may be determined by law; all such judges excepting the Chief Judge shall be appointed by the Cabinet.

2) The appointment of the judges of the Supreme Court shall be reviewed by the people at the first general election of members of the House of Representatives following their appointment, and shall be reviewed again at the first general election of members of the House of Representatives after a lapse of ten (10) years, and in the same manner thereafter.

3) In cases mentioned in the foregoing paragraph, when the majority of the voters favors the dismissal of a judge, he shall be dismissed.

4) Matters pertaining to review shall be prescribed by law.

5) The judges of the Supreme Court shall be retired upon the attainment of the age as fixed by law.

6) All such judges shall receive, at regular stated intervals, adequate compensation which shall not be decreased during their terms of office.

Article 80▶1) The judges of the inferior courts shall be appointed by the Cabinet from a list of persons nominated by the Supreme Court. All such judges shall hold office for a term of ten (10) years with privilege of reappointment, provided that they shall be retired upon the attainment of the age as fixed by law.

2) The judges of the inferior courts shall receive, at regular stated intervals, adequate compensation which shall not be decreased during their terms of office.

Article 81▶The Supreme Court is the court of last resort with power to determine the constitutionality of any law, order, regulation or official act.

Article 82▶1) Trials shall be conducted and judgment declared publicly.

2) Where a court unanimously determines publicity to be dangerous to public order or morals, a trial may be conducted privately, but trials of political offenses, offenses involving the press or cases wherein the rights of people as guaranteed in Chapter III of this Constitution are in question shall always be conducted publicly.

第7章　財政

第83条▶国の財政を処理する権限は，国会の議決に基づいて，これを行使しなければならない。

第84条▶あらたに租税を課し，または現行の租税を変更するには，法律または法律の定める条件によることを必要とする。

第85条▶国費を支出し，または国が債務を負担するには，国会の議決に基づくことを必要とする。

第86条▶内閣は，毎会計年度の予算を作成し，国会に提出して，その審議を受け議決を経なければならない。

第87条▶予見し難い予算の不足に充てるため，国会の議決に基づいて予備費を設け，内閣の責任でこれを支出することができる。

❷すべて予備費の支出については，内閣は，事後に国会の承諾を得なければならない。

第88条▶すべて皇室財産は，国に属する。すべて皇室の費用は，予算に計上して国会の議決を経なければならない。

第89条▶公金その他の公の財産は，宗教上の組織もしくは団体の使用，便益もしくは維持のため，または公の支配に属しない慈善，教育もしくは博愛の事業に対し，これを支出し，またはその利用に供してはならない。

第90条▶国の収入支出の決算は，すべて毎年会計検査院がこれを検査し，内閣は，次の年度に，その検査報告とともに，これを国会に提出しなければならない。

❷会計検査院の組織および権限は，法律でこれを定める。

第91条▶内閣は，国会および国民に対し，定期に，少くとも毎年1回，国の財政状況について報告しなければならない。

第8章　地方自治

第92条▶地方公共団体の組織および運営に関する事項は，地方自治の本旨に基づいて，法律でこれを定める。

第93条▶地方公共団体には，法律の定めるところにより，その議事機関として議会を設置する。

❷地方公共団体の長，その議会の議員および法律の定めるその他の吏員は，

Chapter 7 : FINANCE

Article 83▶ The power to administer national finances shall be exercised as the Diet shall determine.

Article 84▶ No new taxes shall be imposed or existing ones modified except by law or under such conditions as law may prescribe.

Article 85▶ No money shall be expended, nor shall the State obligate itself, except as authorized by the Diet.

Article 86▶ The Cabinet shall prepare and submit to the Diet for its consideration and decision a budget for each fiscal year.

Article 87▶ 1) In order to provide for unforeseen deficiencies in the budget, a reserve fund may be authorized by the Diet to be expended upon the responsibility of the Cabinet.

2) The Cabinet must get subsequent approval of the Diet for all payments from the reserve fund.

Article 88▶ All property of the Imperial Household shall belong to the State. All expenses of the Imperial Household shall be appropriated by the Diet in the budget.

Article 89▶ No public money or other property shall be expended or appropriated for the use, benefit or maintenance of any religious institution or association, or for any charitable, educational or benevolent enterprises not under the control of public authority.

Article 90▶ 1) Final accounts of the expenditures and revenues of the State shall be audited annually by a Board of Audit and submitted by the Cabinet to the Diet, together with the statement of audit, during the fiscal year immediately following the period covered.

2) The organization and competency of the Board of Audit shall be determined by law.

Article 91▶ At regular intervals and at least annually the Cabinet shall report to the Diet and the people on the state of national finances.

Chapter 8 : LOCAL SELF-GOVERNMENT

Article 92▶ Regulations concerning organization and operations of local public entities shall be fixed by law in accordance with the principle of local autonomy.

Article 93▶ 1) The local public entities shall establish assemblies as their deliberative organs, in accordance with law.

2) The chief executive officers of all local public entities, the members

その地方公共団体の住民が、直接これを選挙する。

第94条▶地方公共団体は、その財産を管理し、事務を処理し、および行政を執行する権能を有し、法律の範囲内で条例を制定することができる。

第95条▶一の地方公共団体のみに適用される特別法は、法律の定めるところにより、その地方公共団体の住民の投票においてその過半数の同意を得なければ、国会は、これを制定することができない。

第9章　改正

第96条▶この憲法の改正は、各議院の総議員の3分の2以上の賛成で、国会が、これを発議し、国民に提案してその承認を経なければならない。この承認には、特別の国民投票または国会の定める選挙の際行われる投票において、その過半数の賛成を必要とする。

❷憲法改正について前項の承認を経たときは、天皇は、国民の名で、この憲法と一体を成すものとして、ただちにこれを公布する。

第10章　最高法規

第97条▶この憲法が日本国民に保障する基本的人権は、人類の多年にわたる自由獲得の努力の成果であって、これらの権利は、過去幾多の試錬に堪え、現在および将来の国民に対し、侵すことのできない永久の権利として信託されたものである。

第98条▶この憲法は、国の最高法規であって、その条規に反する法律、命令、詔勅および国務に関するその他の行為の全部または一部は、その効力を有しない。

❷日本国が締結した条約および確立された国際法規は、これを誠実に遵守することを必要とする。

第99条▶天皇または摂政および国務大臣、国会議員、裁判官その他の公務員は、この憲法を尊重し擁護する義務を負う。

of their assemblies, and such other local officials as may be determined by law shall be elected by direct popular vote within their several communities.

Article 94▶ Local public entities shall have the right to manage their property, affairs and administration and to enact their own regulations within law.

Article 95▶ A special law, applicable only to one local public entity, cannot be enacted by the Diet without the consent of the majority of the voters of the local public entity concerned, obtained in accordance with law.

Chapter 9：AMENDMENTS

Article 96▶ 1) Amendments to this Constitution shall be initiated by the Diet, through a concurring vote of two-thirds or more of all the members of each House and shall thereupon be submitted to the people for ratification, which shall require the affirmative vote of a majority of all votes cast thereon, at a special referendum or at such election as the Diet shall specify.

2) Amendments when so ratified shall immediately be promulgated by the Emperor in the name of the people, as an integral part of this Constitution.

Chapter 10：SUPREME LAW

Article 97▶ The fundamental human rights by this Constitution guaranteed to the people of Japan are fruits of the age-old struggle of man to be free; they have survived the many exacting tests for durability and are conferred upon this and future generations in trust, to be held for all time inviolate.

Article 98▶ 1) This Constitution shall be the supreme law of the nation and no law, ordinance, imperial rescript or other act of government, or part thereof, contrary to the provisions hereof, shall have legal force or validity.

2) The treaties concluded by Japan and established laws of nations shall be faithfully observed.

Article 99▶ The Emperor or the Regent as well as Ministers of State, members of the Diet, judges, and all other public officials have the obligation to respect and uphold this Constitution.

第11章 補則

第100条▶この憲法は，公布の日から起算して6カ月を経過した日から，これを施行する。

❷この憲法を施行するために必要な法律の制定，参議院議員の選挙および国会召集の手続並びにこの憲法を施行するために必要な準備手続は，前項の期日よりも前に，これを行うことができる。

第101条▶この憲法施行の際，参議院がまだ成立していないときは，その成立するまでの間，衆議院は，国会としての権限を行う。

第102条▶この憲法による第一期の参議院議員のうち，その半数の者の任期は，これを3年とする。その議員は，法律の定めるところにより，これを定める。

第103条▶この憲法施行の際現に在職する国務大臣，衆議院議員および裁判官並びにその他の公務員で，その地位に相応する地位がこの憲法で認められている者は，法律で特別の定めをした場合を除いては，この憲法施行のため，当然にはその地位を失うことはない。ただし，この憲法によって，後任者が選挙または任命されたときは，当然その地位を失う。

Chapter 11 : SUPPLEMENTARY PROVISIONS

Article 100▶1) This Constitution shall be enforced as from the day when the period of six months will have elapsed counting from the day of its promulgation.

2) The enactment of laws necessary for the enforcement of this Constitution, the election of members of the House of Councillors and the procedure for the convocation of the Diet and other preparatory procedures necessary for the enforcement of this Constitution may be executed before the day prescribed in the preceding paragraph.

Article 101▶If the House of Councillors is not constituted before the effective date of this Constitution, the House of Representatives shall function as the Diet until such time as the House of Councillors shall be constituted.

Article 102▶The term of office for half the members of the House of Councillors serving in the first term under this Constitution shall be three years. Members falling under this category shall be determined in accordance with law.

Article 103▶The Ministers of State, members of the House of Representatives and judges in office on the effective date of this Constitution, and all other public officials who occupy positions corresponding to such positions as are recognized by this Constitution shall not forfeit their positions automatically on account of the enforcement of this Constitution unless otherwise specified by law. When, however, successors are elected or appointed under the provisions of this Constitution, they shall forfeit their positions as a matter of course.

さくいん

あ

違憲審査制 ―― 19
違憲立法審査権 ―― 19・99
委任命令 ―― 22
恩赦 ―― 49

か

会期 ―― 29
会議政 ―― 54
会議の公開 ―― 32
会期不継続の原則 ―― 29
会計検査院 ―― 84
解散 ―― 55
解散権 ―― 55
解散請求権 ―― 92
解職請求権 ―― 92
下級裁判所 ―― 60
下級裁判所裁判官の再任制度
　―― 68
課税要件法定主義 ―― 79
課税要件明確主義 ―― 79
家庭裁判所 ―― 72
簡易裁判所 ―― 72
議院規則制定権 ―― 36
議院内閣制 ―― 19・54
議院の権能 ―― 34
議員の資格争訟 ―― 37
議院の自律権 ―― 37・62
議員の特権 ―― 27
議会 ―― 19
議会制民主主義 ―― 20
貴族院 ―― 23

行政機関による裁判 ―― 61
行政権 ―― 44〜
行政国家現象 ―― 44
行政事件の裁定 ―― 61
緊急集会 ―― 30
具体的な争訟 ―― 60
決算 ―― 84
検査官 ―― 84
検査官会議 ―― 84
検察事務 ―― 36
憲法の最高法規性 ―― 99
憲法の変遷 ―― 104
憲法の保障 ―― 98
憲法改正手続き ―― 101
憲法改正国民投票制 ―― 102
憲法改正の限界 ―― 103
憲法改正の発議 ―― 102
憲法総論 ―― 14
憲法統治 ―― 14
憲法内的保障 ―― 99
憲法保障制度 ―― 98
権力分立制 ―― 15・18
合議体 ―― 45
公金支出の制限 ―― 80
硬性憲法 ―― 101
高等裁判所 ―― 71
公務員の憲法尊重擁護義務
　―― 99
国事行為 ―― 52・53
国政調査権 ―― 35
国費の支出 ―― 80
国民主権 ―― 15
国民審査 ―― 67

「国民の代表」の意味 —— 21	資格争訟 —— 37
国民投票 —— 102	事件性 —— 62
国民の代表機関 —— 21	自治事務 —— 93
国務大臣 —— 46	執行命令 —— 22
国会 —— 17〜	シビリアン・コントロール —— 46
国会議員 —— 27〜	
国会議員に対する懲罰 —— 37	司法権 —— 60〜
国会議員の特権 —— 27	司法権の限界 —— 62
国会の会期 —— 29	司法権の独立 —— 68
国会の権能 —— 34	司法権の範囲 —— 62
国会の地位 —— 20	自由委任の原則 —— 21
国家緊急権 —— 99・100	衆議院 —— 23
国権の最高機関 —— 22	衆議院の解散 —— 55
国庫債務負担行為 —— 80	衆議院の先議権 —— 52・82
	衆議院の優越 —— 33・52・82

さ

最高裁判所 —— 69	自由裁量行為 —— 62
最高裁判所規則制定権 —— 70	修正予算 —— 83
最高裁判所裁判官の国民審査 —— 67	住民自治 —— 91
	住民投票 —— 94
財政 —— 77〜	住民の権利 —— 92
財政国会中心主義 —— 78	準則 —— 81
財政民主主義 —— 78	常会 —— 29
裁定 —— 60	小選挙区制 —— 25
裁判官の独立 —— 64	小法廷 —— 69
裁判官の弾劾 —— 66	条約 —— 49
裁判官の経済上の保障 —— 65	条約の締結 —— 49
裁判官の身分上の保障 —— 66	条約の承認 —— 50
裁判官の良心 —— 64	条例 —— 95
裁判所 —— 59〜	人権 —— 14
裁判所の規則制定権 —— 64	政治改革立法 —— 26
裁判所の組織 —— 69	政治問題 —— 63
参議院 —— 23	政令 —— 52
参議院の緊急集会 —— 30	選挙区 —— 25
三権分立 —— 18	選挙制度 —— 25
暫定予算 —— 83	全国民の代表 —— 21
	争訟 —— 60

さくいん ▶ 159

租税法律主義 ——————— 79

た

大選挙区制 ——————— 25
大統領制 ————————— 54
大日本帝国憲法 ———— 108〜
大法廷 ————————— 69
弾劾裁判 ———————— 62
団体自治 ———————— 91
地方議会の権能 ————— 95
地方公共団体 —————— 91
地方公共団体の機関 ——— 92
地方公共団体の権能 ——— 93
地方公共団体の種類 ——— 91
地方公共団体の長の権能 — 95
地方裁判所 ——————— 71
地方自治 ———————— 89〜
地方自治の本旨 ————— 91
中選挙区制 ——————— 25
超憲法的保障 ——————— 99
超然内閣 ———————— 54
追加予算 ———————— 83
抵抗権 ———————— 99・100
定足数 ————————— 31
適正手続き ——————— 60
統治行為 ——————— 62・63
特別会 ————————— 29
特別裁判所 ——————— 61
特別地方公共団体 ———— 91
特別法の住民投票 ———— 94
苫米地訴訟 ——————— 63

な

内閣 ————————— 43〜
内閣の衆議院解散権 ——— 55
内閣の権能 ——————— 48

内閣の責任 ——————— 52
内閣の総辞職 —————— 53
内閣の組織 ——————— 45
内閣の連帯責任 ———— 52・53
内閣総理大臣 —————— 46
内閣不信任決議 ————— 53
二院制 ————————— 23
納税の義務 ——————— 79

は

発案権 ————————— 102
批准 —————————— 50
秘密会 ————————— 32
罷免 —————————— 66
表決数 ————————— 32
比例代表制 ——————— 26
不逮捕特権 ——————— 27
普通地方公共団体 ———— 91
部分社会の法理 ————— 62
分限裁判 ———————— 66
文民 —————————— 45
法定受託事務 —————— 93
法の支配 ———————— 15
補正予算 ———————— 83
本予算 ————————— 83

ま

無任所大臣 ——————— 46
名誉毀損 ———————— 28
命令 —————————— 52
免責特権 ——————— 27・28

や

唯一の立法機関 ————— 22
予算 —————————— 81
予算行政説 ——————— 82

予算の種類 ―― 83
予算法形式説 ―― 82
予算法律説 ―― 82
予備費 ―― 84

両院協議会 ―― 33
臨時会 ―― 29
連帯責任 ―― 54
連邦制 ―― 23

ら

立法権 ―― 18・22

著者プロフィール

尾崎哲夫 (Ozaki Tetsuo)

1953年大阪生まれ。1976年早稲田大学法学部卒業。2000年早稲田大学大学院アジア太平洋研究科国際関係専攻修了。2008年米国ルイス・アンド・クラーク法科大学院留学。
松下電送機器㈱勤務，関西外国語大学短期大学部教授，近畿大学教授を経て，現在研究・執筆中。
主な著書に，「ビジネスマンの基礎英語」(日経文庫)「海外個人旅行のススメ」「海外個人旅行のヒケツ」(朝日新聞社)「大人のための英語勉強法」(PHP文庫)「私の英単語帳を公開します!」(幻冬舎)「コンパクト法律用語辞典」「法律英語用語辞典」「条文ガイド六法　会社法」「法律英語入門」「アメリカの法律と歴史」「アメリカ市民の法律入門 (翻訳)」「はじめての民法総則」「はじめての会社法」「はじめての知的財産法」「はじめての行政法」「はじめての労働法」「国際商取引法入門」(自由国民社) 他多数がある。
[Blog] http://tetsuoozaki.blogspot.com/
[E-Mail] ted.ozaki@gmail.com
[Web] http://www.ozaki.to

About the Author

Ozaki Tetsuo, born in Japan in 1953, was a professor at Kinki University.
Graduating from Waseda University at Law Department in April 1976, he was hired as an office worker at Matsushitadenso (Panasonic group). He graduated from graduate school of Asia-Pacific Studies at Waseda University in 2000. He studied abroad at Lewis & Clark Law school in the United States in 2008. Prior to becoming a professor at Kinki University he was a professor at Kansaigaikokugo college (from April 2001 to September 2004).
He has been publishing over two hundred books including,
A Dictionary of English Legal Terminology, Tokyo : Jiyukokuminsha, 2003
The Law and History of America, Tokyo : Jiyukokuminsha, 2004
An introduction to legal English, Tokyo : Jiyukokuminsha, 2003
English Study Method for Adults, Tokyo : PHP, 2001
The Dictionary to learn Legal Terminology, Tokyo : Jiyukokuminsha, 2002
The first step of Legal seminar series (over 20 books series), Tokyo : Jiyukokuminsha, 1997〜
The Fundamental English for business person, Tokyo : Nihonkeizaishinbunsha (Nikkei), 1994
The Recommendation of Individual Foreign Travel, Tokyo : Asahishinbunsha, 1999
The Key to Individual Foreign Travel, Tokyo : Asahishinbunsha, 2000
Master in TOEIC test, Tokyo : PHP, 2001
Basic English half an hour a day, Tokyo : Kadokawashoten, 2002
I show you my studying notebook of English words, Tokyo : Gentosha, 2004

American Legal Cinema and English, Tokyo : Jiyukokuminsha, 2005, and other lots of books.
He has also translated the following book.
Feinman, Jay, *LAW 101 Everything you need to know about the American Legal System*, England : Oxford University Press, 2000
＊These book titles translated in English. The original titles are published in Japanese language.

［3日でわかる法律入門］

はじめての憲法統治
けんぽうとうち

2001年8月7日　初版発行
2011年4月15日　第4版第1刷発行

著　者───尾崎哲夫
発行者───横井秀明
印刷所───横山印刷株式会社
製本所───新風製本株式会社
発行所───株式会社自由国民社

〒171-0033 東京都豊島区高田3—10—11
TEL 03(6233)0781(代)　振替 00100-6-189009
http://www.jiyu.co.jp/

Ⓒ2011　Tetsuo Ozaki　Printed in Japan.
落丁本・乱丁本はお取り替えいたします。

自由国民社　出版案内

試験に・学習に役立つ
【法律入門書】

特色

① 難しい法律を可能なかぎりわかりやすくする工夫満載
② 実例をまじえた説明を心がけ具体的に理解できる
③ 法律のしくみを目で見て理解する図解を駆使

本書とあわせて試験に・学習にご利用ください。
法律のより深い理解を可能にします。

図解による法律用語辞典——定価2625円（本体2500円＋税5％）
これならわかる 明解！憲法判例——定価1890円（本体1800円＋税5％）
ゼロから試験にうかる憲法——定価2205円（本体2100円＋税5％）
国家試験受験のためのよくわかる憲法——定価2100円（本体2000円＋税5％）
Ｓ式生講義 入門憲法——定価2625円（本体2500円＋税5％）
加藤普介の憲法入門——定価1890円（本体1800円＋税5％）
法律の抜け穴全集——定価1890円（本体1800円＋税5％）
裁判員 選ばれる前にこの１冊——定価1000円（本体952円＋税5％）

（定価は2011年3月現在のものです）